THE SCHOOL OF COMMERCE
これが商学部シリーズ Vol.4

世界の大学の先端的ビジネス教育

■ 海外への多様な扉 ■

明治大学商学部[編]

同文舘出版

序

~世界に開かれた多様な扉~

《これが商学部シリーズ》も巻を重ねてきましたが、第4巻となります本書では『世界の大学の先端的ビジネス教育』と題して、世界各国のさまざまなビジネスに関わる教育方法やカリキュラムなどについて網羅的に紹介しております。海外の大学で実施されているビジネスの授業やその方法などを多様な視点から読者の皆さんに提供することで、世界のビジネス教育の現場を体験していただければと思います。

昨今、日本の大学教育の国際競争力が問われるなかで、大学教育の国際化や学生の留学、国際交流の促進の重要性がさかんに指摘されていますが、他方で世界の大学の教育事情に関する情報はけっして十分とは言えません。そこで明治大学商学部では、世界のビジネス教育のシステムやその特徴、あるいはカリキュラム体系や教育方法などについて多様な視点から情報を交換する国際シンポジウムを2年連続で開催してきました。協定校を中心にして各国の教育現場で実際に指導にあたる教授陣を招聘し、ビジネス教育について教員はもちろんのこと、学生をも含めた幅広い意見交換を実施してきました。そうした国際シンポジウムが本書発刊の契機となっています。それぞれのテーマは、2011年が「国際ビジネス教育の各国事情」と「ファッション・ビジネス教育の世界展開」、2012年が「ロジスティクスとマーケティングの融合―顧客・企業間連携・価値創造―」です。これらの国際シンポジウムを中心にして得られた各国の最新の教育事情を読者の皆さんに提供することが本書の狙いです。

本書は4つの章からなっています。第1章では「各国の注目すべきビジネス教育」についてイギリス、ドイ

ツ、フランスにおける大学でのビジネス教育事情がその特徴を交えながら紹介されています。第2章の「ファッション・ビジネス教育」では、本場パリの2つの大学やオーストラリア、中国の大学でビジネスという観点からファッションがどのように教育研究されているのか、あるいはファッション・ビジネスが成功するための鍵となる諸要因について多彩な事例研究を含めて述べられています。第3章の「ロジスティクス/マーケティング教育」では、近年注目を集めているロジスティクスとマーケティングの新たな関係性を模索する意欲的なテーマに関して、アメリカ、イギリス、中国の各大学における研究成果が紹介されています。第4章の「日本・ラテンアメリカ異文化交流と新教育モデル」では、今後の経済成長がますます期待されている南米からブラジルとアルゼンチンの大学における日本との交流に関わる最新事情が紹介されています。また、各章末には各国の大学事情をその高等教育の成り立ちから入試制度や学位取得の枠組みなどを中心に紹介した記事を載せています。

ここに紹介した8カ国の大学はそのほとんどが商学部の協定校であり、相互に毎年学生交流を行っておりますが、今回のシンポジウムを通じて、ビジネス教育を担当する海外の先生方との交流から、大学教育のグローバル化のあり方に関して多くの示唆を得ることができました。海外の大学や留学に興味をもっている読者の皆さんにとっては、各国の大学事情や実際のカリキュラム内容などは有益な情報になろうかと思います。本書を通じて、皆さんが「世界に開かれた多様な扉」にアプローチされることを願ってやみません。

明治大学　商学部教授

篠原敏彦

これが商学部シリーズ Vol.4

世界の大学の先端的ビジネス教育 〜海外への多様な扉〜

もくじ

序 〜世界に開かれた多様な扉〜 3

第1章 各国の注目すべきビジネス教育

第1節 インペリアル・カレッジ・ロンドンのビジネス教育 14
- (1) インペリアル・カレッジ・ロンドン（ICL）の概要 14
- (2) 私とインペリアル・カレッジ 15
- (3) 教育改革と産学連携、およびインペリアル・カレッジの取り組み 16
- (4) インペリアル・カレッジとビジネス教育 17
- (5) 理系大学と2つのキギョウ 18
- (6) アートとの交流に向けて 20

第2節 ボローニャ・プロセスとビジネス教育の課題 〜ブレーメン経済工科大学の場合〜 24
- (1) はじめに ブレーメン経済工科大学への扉 24
- (2) ブレーメン経済工科大学 25

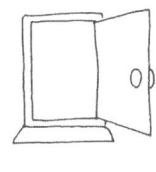

5 もくじ

第3節 ビジネス・スクールにおけるマイクロカンパニーの取り組み………
　　　～レンヌ商科大学の経験～

(1) はじめに 43

(2) マイクロカンパニーとは？ 44

(3) マイクロカンパニーの目的 45

(4) 実践的学習の理論 45

(5) 教師主体の授業から学生主体の授業へ 47

(6) マイクロカンパニー～実践を通じて学び能力を開発すること～ 48

(7) マイクロカンパニーの活動内容 50

(8) マイクロカンパニー運営のための4つの枠組み 51

(9) マイクロカンパニーのタイムスケジュール 52

(10) 今後の課題 53

INFORMATION　イギリスの大学事情

(1) 教育の特徴 54

(2) 大学の種類と開設数 54

(3) 入試制度 54

43

第2章 ファッション・ビジネス教育

- 2012年 世界のMBAランキング（アメリカ／イギリス） 60
  - (5) 一般教養教育 59
  - (4) 学費 59
  - (3) 入試制度 58
  - (2) 大学の種類と開設数 58
  - (1) 教育の特徴 58
- INFORMATION フランスの大学事情
  - (5) 一般教養教育 57
  - (4) 学費 57
  - (3) 入試制度 56
  - (2) 大学の種類と開設数 56
  - (1) 教育の特徴 56
- INFORMATION ドイツの大学事情
  - (5) 一般教養教育 55
  - (4) 学費 54

第1節 ファッション業界とビジネス教育の最新事情 …… 62
〜モダール・インターナショナル学院からの発信〜

- (1) モダール・インターナショナル学院の紹介 *62*
- (2) モダールの豊かな国際性 *63*
- (3) ファッション・スクールの未来を考える〜5つの留意点〜 *64*
- (4) ファッション・ビジネス教育の目指すもの〜6つの課題〜 *68*

第2節 成功するファッションビジネス・プログラム 〜パリ商業高等大学からの提言〜

- (1) パリ商業高等大学（ISC）について *73*
- (2) はじめに *75*
- (3) ファッション教育、ラグジュアリー教育、ファッション・ビジネス教育 *76*
- (4) フランスにおけるファッション・ビジネス教育の現状 *77*
- (5) 学校の教育目的 *78*
- (6) 学校の立地 *79*
- (7) 企業および公的機関との関係 *80*
- (8) 教授陣とその経歴 *82*
- (9) 指導方法 *84*
- (10) 研究と知識創造 *84*
- (11) プログラムの参加者 *85*
- (12) 卒業証書のレベル *86*
- (13) プログラム終了後の進路 *86*
- (14) まとめと提言 *87*

73

8

第3節 ファッション・ビジネス分野の産官学共同研究 …… 90
〜東華大学の場合〜

(1) 東華大学の紹介 90
(2) はじめに 91
(3) 事例1：ファストファッション・ブランドのQRとサプライチェーンの最適化 93
(4) 事例2：サプライチェーン・コラボレーションについてのメカニズムの構成 97
(5) 事例3：ビジネス・シミュレーションの実証実験 98
(6) 事例4：OEMからODMへの婦人服ブランドの製品開発 99
(7) まとめ 100

第4節 ファッション・ビジネス教育と起業家精神の育成 …… 102
〜クイーンズランド工科大学の事例〜

(1) クイーンズランド工科大学の概要 102
(2) オーストラリアにおけるファッション産業の現状 103
(3) ファッション・キャリアとスラッシュ・スラッシュ・ジェネレーション 105
(4) クリエイティブ産業学部と経営学部とのダブルディグリー・プログラム 106
(5) 起業家教育法と学生による取り組み 108
(6) 結論 110

INFORMATION 中国の大学事情 115

(1) 教育の特徴 118

第3章 ロジスティクス／マーケティング教育

第1節 グローバルなロジスティクス人材の育成 ～大連海事大学の事例～

(1) 大連海事大学の紹介 124

(2) ロジスティクス関連の教育概要 125

(3) ロジスティクス関連の教育カリキュラム 126

第2節 クランフィールド大学と統合的ロジスティクス論 136

● 国際ビジネス教育認証機関 AACSBの認証大学（2012年分）／グローバル30の採択13大学 122

INFORMATION オーストラリアの大学事情

(2) 大学の種類と開設数・学期 118

(3) 入試制度 118

(4) 学費 119

(5) 一般教養教育 119

(1) 教育の特徴 120

(2) 大学の種類と開設数 120

(3) 入試制度 120

(4) 学費 120

(5) 一般教養教育 121

10

（1）はじめに *136*
（2）クランフィールド大学について *136*
（3）「イギリスのロジスティクス事情」研究会 *137*
（4）国際シンポジウム「ロジスティクスとマーケティングの融合」 *139*

第3節　ミシガン州立大学と国際小売業の研究 *146*

（1）ミシガン州立大学経営学部について *146*
（2）小売業の国際戦略に関する研究成果 *148*
（3）国際シンポジウムの総括 *152*

INFORMATION アメリカの大学事情 *153*
（1）教育の特徴 *153*
（2）大学の種類と開設数 *153*
（3）入試制度 *154*
（4）学費 *154*
（5）一般教養教育 *154*

第4章　日本・ラテンアメリカ異文化交流と新教育モデル

第1節　ラテンアメリカの大学教育
〜ブラジルとアルゼンチンを中心に〜 *156*

第２節 日本・ラテンアメリカ異文化交流プログラムの特徴
～「新たなビジネス教育モデル」の構築に向けて～

(1) はじめに 156

(2) 大学紹介 159

(1) はじめに 169

(2) 特別テーマ実践科目「ラテンアメリカの開発支援とボランティア」シリーズ 170

(3) COPANI (パンアメリカン日系人大会) への参加～日系社会を通じたアプローチ～ 174

(4) おわりに 178

INFORMATION ブラジルの大学事情

(1) 教育の特徴 180

(2) 大学の種類と開設数・学期 180

(3) 入試制度 180

(4) 学費 181

● 留学前のスケジュールの一例 182

あとがき ～国際派ビジネス・パーソンを目指すあなたへ～ 183

執筆者・編集担当者一覧 185

◆イラスト（カバー・本文） 大竹 美佳

第 1 章
各国の注目すべきビジネス教育

(写真提供：インペリアル・カレッジ・ロンドン)

インペリアル・カレッジ・ロンドン

卒業生からノーベル賞受賞者14名を輩出する世界的にも有名な大学で、毎年、イギリスの大学ランキングの5位以内に名前を連ねています。キャンパスはロンドンの中心部に点在していて、ショッピング街やコンサートホールなども近くにあります。イギリスの文化を存分に堪能しながら、充実した留学生活を体験できる環境です。

(写真提供：ブレーメン経済工科大学)

ブレーメン経済工科大学

ドイツ北部に位置するブレーメンは、長い歴史と伝統を誇る美しい街です。ブレーメン経済工科大学は、州立単科大学として1988年に設立され、ドイツの大学のなかでは最も新しい大学の1つで、新しいカリキュラムによる単位互換性の高さや国際性が特色です。同大学の経済学部には「日本経済学専攻」があり、日本の大学への留学を目指して日本語を懸命に勉強している学生たちがいます。

(写真提供：レンヌ商科大学)

レンヌ商科大学

クレープの発祥地としても有名な、フランスのブルターニュ地方に位置し、パリからTGVに乗って2時間の場所にあります。約1,500人いる学生のうち、270人ほどが留学生という同校では、カリキュラムにフランス語、フランス文化など、外国人向けの講義があり、留学生の相談窓口、学生チューターなどの支援体制も万全です。

インペリアル・カレッジ・ロンドンのビジネス教育

(1) インペリアル・カレッジ・ロンドン(ICL)の概要

皆さんは「インペリアル・カレッジ・ロンドン」(ICL、正式名はImperial College of Science, Technology and Medicine)をご存知ですか。日本での知名度はそれほど高くはありませんが、ノーベル賞受賞者は14名、世界大学ランキングではいつも10位以内、英国ではオックスフォードおよびケンブリッジ大学に次ぐ、代表的な理工・医学系大学および研究機関として知られています。

ICLの前身は、19世紀半ばに近代的な大学教育を進めることを目的に設立されたロイヤル・カレッジ・オブ・サイエンス(科学)、ロイヤル・スクール・オブ・マインズ(鉱物学)およびシティ・アンド・ギルズ・カレッジ(工学)にさかのぼります。ICLはそのような歴史をもつ3つのカレッジの連合大学として1907年に発定、ジェット・エンジン、ペニシリン、経営学のオペレーショナル・リサーチなど最先端の技術の発信地として今日に至っています。なお、ICLはロンドン大学を構成するカレッジの1つでしたが、2007年に純粋な理系大学としての地位を目指すためロンドン大学から分離・独立しま

関　孝哉

第1章　各国の注目すべきビジネス教育

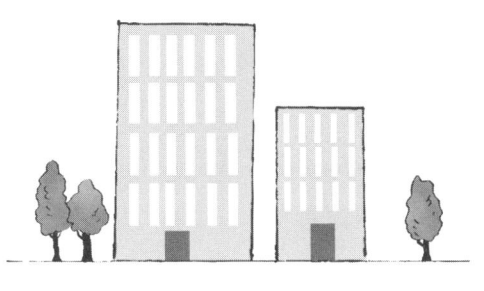

した。

主なキャンパスはロンドン中心部ハイドパークの南、サウス・ケンジントン地区にあります。辺りにはロイヤル・カレッジ・オブ・アートなどさまざまな特色をもつロイヤル・カレッジが立ち並び、自然史博物館や科学博物館、ロイヤル・アルバート・ホールなど公共施設も集中し、ロンドン市内では、ロンドン大学本部のあるブルームスベリーとともに文教地区を形成しています。エンジニアリング、医学部、自然科学それにビジネス・スクールの各学部に在籍する学生総数は1万4000人、その国籍は126カ国にのぼるそうです。

(2) 私とインペリアル・カレッジ

私は英国のパブリックスクール（高校）を卒業後、数学を専攻するためICLに入学しました。3人に1人が振り落とされるという厳しいカリキュラムでしたが、1975年には無事、卒業することができました。当時ICLは3カレッジの連合体で、大学から授与された卒業証書には、ICL（ロンドン大学）とあわせて、ロイヤル・カレッジ・オ

● ICLのクイーンズタワー ●
（写真提供：インペリアル・カレッジ・ロンドン）

15　第1節　インペリアル・カレッジ・ロンドンのビジネス教育

● ICLの校舎 ●（写真提供：インペリアル・カレッジ・ロンドン）

ブ・サイエンスの名前も刻まれています。

卒業後は帰国して銀行に勤めることになりましたが、仕事で英国へ出かける際は、しばしば大学に立ち寄り、お世話になった教師に挨拶を欠かしませんでした。理系の大学で、卒業生の大半がメーカーや官公庁への就職を目指すなか、金融機関への就職が珍しかったころです。恩師には、「数学は金儲けの手段ではない」と冗談半分に言われたこともありましたが、デリバティブ取引などが盛んに行われる今日の資本市場では、金融工学は欠かせない分野として、シティ（英国の金融街）に進む理系の卒業生は急増しているそうです。

(3) 教育改革と産学連携、およびインペリアル・カレッジの取り組み

1980年代の英国、当時のサッチャー首相は政府の予算削減策の一環として大学改革を進め、収入の大半を政府に依存してきた英国の大学は、これまでとは異なる収益源の確保が求められるようになりました。大学は、生き残りをかけて産業界など外部との関係を強化し、教員も大学外での活動が奨励されています。

ICLも例外ではなく、産業界から研究調査の仕事を受け、大学が保有する知的財産や研究成果を効果的に活用するためのコンサルティング会社を設立し、意欲ある学生や教員が新しく会社を起こす場合には資金提供のサポートにも応ずるといった取り組みが行われるようになりました。すでに銀行に勤め、ロンドンと東京を頻繁に行き来していた私も、当時のICL学長から大学資産の有効活用や、日本企業との連携などの相談を受けたことがあります。

優れた実務研究者を抱えていたICLには、もともと産業界と協力して研究開発を行う

素地がありました。ICLの強みでもある航空工学や鉱物学は言うまでもなく、歴代の学長もみずから通信のBTや、石油開発のシェルなど英国の大手企業の社外取締役に就き、産学連携に寄与していました。極めつけは2001年に製薬会社であるグラクソ・スミスクラインのサイクス社長が学長に選ばれたことでしょう。就任の背景には産学連携を超えて企業経営の手腕を大学に活かしたいとの期待が込められたようです。

さらに、大学の合理化推進の動きは、他の大学の吸収合併にもおよび、80年代から推進された複数の大学病院との合従連衡の結果、88年には名称をそれまでのImperial College of Science and TechnologyからImperial College of Science Technology and Medicineへと変えています。医学部を擁したことで、大学のカリキュラムにはヘルスケアなど新たな分野の科目が追加され、学生が学べる範囲も大きく拡がりました。

(4) インペリアル・カレッジとビジネス教育

ビジネス・スクールとは、企業経営にかかるさまざまな知識や手法を学ぶ大学のことです。20世紀半ば、企業の大型化や国際化、相次いで登場する新製品や新サービスの事業化など、会社をとりまく環境はますます複雑になりました。こういった難しい課題に専門的に取り組む人材を育てるため、英国でも1970年代にかけてビジネス・スクールが、大

● ICLに通学する学生たち ●
（写真提供：インペリアル・カレッジ・ロンドン）

学内に設置されるようになりました。

ICLにも1971年発足の経営科学研究科があり、私も単位を得る目的で研究科の講義に出席しました。専門的な経営理論に取り組む授業では、レポート作成といった宿題も出され、図書館で必死に書いた記憶が残っていますが、この講義から学んだ内容は就職後、さまざまな局面で大変役に立っています。

大学改革の波はこの分野にもおよび、ビジネス教育の重要性を強く意識したカレッジの研究科は1987年、カリキュラムを充実させ新たにICLビジネス・スクールとして再発足しました。最新の入学案内では、標準的なMBAコースの他、経営学やファイナンスに加え、デジタル、エネルギー、ヘルスマネジメントなどいかにも理系大学らしいコースが一覧できます。

(5) 理系大学と2つのキギョウ

ICLのような理系大学には、膨大な知的財産や実験データ、それにこれを支える多くの研究者が在籍しています。そして、莫大なビジネスチャンスが溢れています。にもかかわらず、世間には、経営者になるのは文系出身者、理系は実験や研究開発に専念する、という偏った見方がないとは言い切れません。したがって、理系大学のビジネス教育は、理系学生に経営マインドを植えつける、といった点に重点が置かれることになります。

日本にも少なくないICLビジネス・スクール卒業生から聞いた話からは、理系大学で教えるビジネス教育の2つの「キギョウ」、すなわち「起業と企業」がポイントとして浮

　「起業」とは、自分の得意とする製品やサービスを事業化することをいいます。成功すれば経済的な利益のみならず、自ら会社を起こし、世の中に打って出ることから高い評価を得るという達成感を味わうことができますが、失敗のリスクもすべて、自ら負わねばならないという厳しさもあります。成功のためには事業計画の立て方、資本金の調達、会社の登記、役員選任、社内規程の整備、経理および財務管理など、幅広い知識が必要です。理系学生からは、自分は科学技術には自信があるが、経営は少なくともそれぞれの分野の専門家に相談できる程度の知識と判断能力を身につけるよう指導が行われます。ビジネス・スクールでは、このような学生のため、サービスあるいは製品製造に必要なリソースの確保、マーケティング調査の方法、

　また、学生には事業活動の現場を訪問し、経営者と対話することも奨励されます。学生は教員に引率されて海外（欧米は言うまでもなく、日本にも）にまで足を延ばし、実態を学びます。さらに、学生は仮想起業を経営するコンテストに参加、優れた内容には政府から1万ポンドの賞金も授与されるため、意欲向上にも役立っています。

　もう1つのキギョウ、すなわち「企業」とはビジネス・スクールで行われる産学連携をいいます。ICLが産学連携に熱心に取り組んできた経緯については、すでに述べたとおりです。その成果は、カリキュラムの充実にも表れています。先ほどの卒業生との話で印象的だったことは、まず、スーパーコンピューターの活用はCapacity planningやNeuro Computingといった事業予測に必要なシミュレーション・ツールには、大量のデータ処理や複雑なプログラミングが必要ですが、そのような内容は、理系の学生

第1節　インペリアル・カレッジ・ロンドンのビジネス教育

が一番、得意とする分野がありました。高価なスーパーコンピューターは、日本を含めた大手メーカーの支援がありました。

また、ヘルスケア・マネジメント分野での産学連携もICLビジネス・スクールの特徴です。80年代、次々と大学病院を傘下に置き、英国でもトップクラスの医学部をもつようになったICLは、ヘルスケアにおいて巨大なビジネスチャンスが生み出されることに注目しています。この分野に惹かれて、ICLのビジネス・スクールを目指した日本人留学生も少なくありません。

(6) アートとの交流に向けて

ICLがあるサウス・ケンジントン地区には、ほぼ同時期に創立されたロイヤル・カレッジ・オブ・アートとロイヤル・カレッジ・オブ・ミュージックがあります。ここからは著名な芸術家、建築家それに作曲家や演奏家も生まれ、各方面で活躍しています。ミュージカル「キャッツ」や「オペラ座の怪人」で有名な作曲家、アンドリュー・ロイド＝ウェバーもここの卒業生です。芸術大学であるため、学生による展覧会やコンサートも開催され、サウス・ケンジントン地区に潤いをもたらしています。

両カレッジとICLはこれまで、統合も検討したほどの間柄です。今でも強い関係があり、たとえばロイヤル・カレッジ・オブ・ミュージックとの間に設置された複合コースに進学する学生は、物理学を専攻するとともに、1つの楽器演奏をマスターすることが学位取得の要件とされています。また、ロイヤル・カレッジ・オブ・アートとの間に設置された複合コースでは、高齢者や体の不自由な人々のための使いやす

第1章　各国の注目すべきビジネス教育　20

さを追求した器具のデザインおよび開発を学び、すでにこの分野で起業し、成功を収めた卒業生もいます。このような科学と芸術の連携は、ハイセンスな知識を求め、両分野に関心をもつ学生がその才能をキャリアで活かすために大変魅力溢れるコースとなっています。

このような関係にビジネス・スクールが注目しないわけがありません。音楽ビジネスやアート産業でも経営者トレーニングが果たすべき効果に期待が集まっています。たとえば、ファッションもそのような分野に入ります。ICLビジネス・スクールのネルソン・フィリップ教授は、ファッション産業で会社を起業することについて、ラルフ・ローレンやココ・シャネルを引用し、次のように説明されました。

「まず、夢のある産業であること。ファッションとは夢をデザインするものだ。これを無二のものとするには、新しい発想が必要。そして、ファッションの成功には起業家精神がかかっている。」そして、実現に向けては「デザイン能力と、コミュニケーション能力、さらにはビジネススキルの融合が必要」と力説されました。ビジネス・スクールとして、アーティストでもあるファッションデザイナーに、ビジネススキルを高めてほしいとの願いが込められています。

また、同じくICLビジネス・スクールのデビ

●デザイン・ロンドンのオフィス●
（写真提供：インペリアル・カレッジ・ロンドン）

第1節　インペリアル・カレッジ・ロンドンのビジネス教育

ッド・ガン教授は、政府の支援を受けた「デザイン・ロンドン」プロジェクトを通じ、創造的デザインを起業および新たな雇用創造に結びつける活動を主導されました。ロイヤル・カレッジ・オブ・アートとICLはこのプロジェクトの成果を活かし、新たに「サービス・デザイン」の複合学位を創設することを検討しています。英国ではサービス産業が経済の75％を占めるまでに成長していますが、この分野でさらに競争力を高めるためには、サービス・デザインの果たす役割が大きいとの認識があります。

英国には、900年の歴史をもつオックスフォード大学とケンブリッジ大学があります。そのようななかで、大学とはいえ、ICLよりも長い歴史をもつ教育機関も珍しくありません。オックスブリッジに肉薄する地位を確保するためには、独自性を発揮し、かつ、オックスブリッジにかなり明確なビジネスモデルの構築が必要であったと思われます。一方、ICLには、世界中から多くの人が訪れるロンドンという巨大な市場に位置し、独創的なマネジメントの成果が発揮されやすい環境が整っています。このような環境でもたらされるサービス産業における差別化や、科学と芸術の調和で独創的なマネジメントを実現しようとする発想とその柔軟性は、技術、医療、起業、産学連携、そしてアートビジネスといったキーワードの

●ロイヤル・アルバート・ホールでのICL卒業式・学位授与式●
（写真提供：インペリアル・カレッジ・ロンドン）

第1章　各国の注目すべきビジネス教育　22

融合を数多くこなしてきたこれまでのICLの取り組みを反映したもので、学生に夢をふくらませる大学として評価されることでしょう。

参考文献・参考URL

Rupert Halim A. Science for Incustry (1983) *A Short History of The Imperial College of Science and Technology*, Imperial College of Science and Technology.

Gay Hannah (2007) *The History of Imperial College London 1907-2007, Higher Education and Research in Science, Technology and Medicine*, Imperial College Press.

また、次の各カレッジのウェブサイトからその活動状況を引用しました。

Imperial College London.
Royal College of Art.
Royal College of Music.

2

ボローニャ・プロセスとビジネス教育の課題
～ブレーメン経済工科大学の場合～

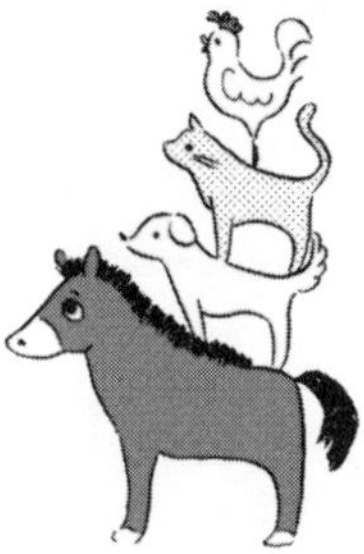

ティム・ゴイトケ

(1) ブレーメン経済工科大学への扉

本節ではブレーメン経済工科大学のゴイトケ先生が、ドイツの大学がいまどれほど変化し、国際化に対応しているか、紹介してくれます。ドイツの大学と言えば、中世からの歴史をもつ古い総合大学が多くあります。一方で、1970年代以降、実務や技術分野に特化した新しいタイプの単科大学―応用科学大学―があらわれ始めます。ブレーメン経済工科大学もその1つです。

日本ではドイツの大学生がどのような制度のもとで勉強しているか、あまり広くは知られていないかもしれません。国立（州立）大学がほとんどで、高等教育の門戸を多くの人に開く目的で長年授業料を取っていなかった、あるいは、日本のような入試制度がない、と聞くと驚かれるかもしれません。在学中にドイツ以外の国で勉強したり、インターンシップに従事したり、ドイツの学生は世界を飛び回っています。また、ドイツの大学で学ぶとき、隣の学生が外国人留学生であることは、ごく当たり前の日常です。

グローバル化やEUの教育政策の影響は、ドイツの大学の国際化にも拍車をかけています。日本の大学とドイツの大学との交流も盛んです。もちろん、日本からブレーメン経済

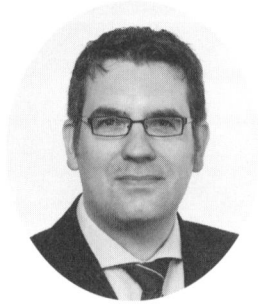

(2) はじめに

ドイツは、「ボローニャ・プロセス」の名のもとに、ドイツ式高等教育システムを根底から変える大改革をスタートさせました。どんな抜本的改革もそうですが、ドイツの教育改革も多大な変化と新たなチャンスをもたらしたと同時に、激しい抵抗や批判を引き起こしました。他のヨーロッパ諸国とは異なり、ドイツではとりわけ強い反対が生じることになりました。なぜなら、ドイツは非常に独自性の強い教育システムを開発することで、過去には多くの尊敬を集めていましたし、また、そのシステムは教育重視の社会をつくっているというドイツの自負心とも密接な関係にあるからです。

しかしながら、1997年に実施されたOECDの「生徒の学習到達度調査」では、ドイツは低い成績に甘んじました。従来の教育システムが、グローバル化する世界の諸課題にもはや対応しきれていないことが明らかとなったのです。

本節では、ドイツにおけるボローニャ・プロセスとビジネス教育に焦点を当てます。ブレーメン経済工科大学を事例としながら、ドイツの大学がいかにボローニャ・プロセスを

● ブレーメン市内のローラント像 ●

工科大学への扉も開かれているのです。では、ゴイトケ先生のお話をお読み下さい。

活用し、高等教育の国際的機関としての特徴を強化・発展させているか、一緒に見てゆきましょう。

(注1) 加盟国は着実に増加し、現在アイスランドからロシア、ノルウェーからキプロスといったようにヨーロッパ全域47カ国を包含しています。

(3) ボローニャ・プロセス

① 基本的な考え

1997年、欧州評議会とユネスコが「リスボン協定」を結ぶことで、ヨーロッパ共通の高等教育圏を形成する道筋がつけられました。この協定は、ヨーロッパ圏内で学業成績を認定するための最初の法的根拠を提供するものでした。また、1998年にフランス・ドイツ・イタリア・英国の4カ国の教育担当大臣が、パリのソルボンヌ大学の創立記念日に会合し、ヨーロッパの高等教育システムの構造的な調和を目的として策定された「ソルボンヌ宣言」に署名します。その翌年（1999年）、29のヨーロッパ諸国の教育担当大臣がボローニャで会合を開き、「ボローニャ宣言」を採択したのです。

ボローニャ宣言にもとづく改革の動きを「ボローニャ・プロセス」と呼んでいます。ボローニャ・プロセスの主な目的は、2010年までにヨーロッパで共同の高等教育圏をつくりあげることでした。これは、ヨーロッパの高等教育システムを抜本的に改革するものです。大学の学生、教員、職員の移動を一層容易にし、また、高等教育システムが構造上その多様性を維持しつつ、一定の共通基盤を備えることも期待されています。ヨーロッパの大学の魅力を高め、グローバルな競争力をもった教育システムをつくることが、大きな目標となっています。

目標達成のために、ボローニャ・プロセスでは、以下のようなさまざまな制度を導入し

(注2)ドイツ語でFachhochschule(「単科大学」と訳されることが多いです)。特にエンジニアリング、ビジネス、行政、社会におけるサービスと設計の分野での応用志向の教育と研究を提供することを目的に、1970年代に設立された高等教育機関です。応用科学の大学では、通常、博士課程の登録は許されていません。教授陣は通常の大学と比較すると、平均して低い給与で高い教育の負荷が課されています。具体的には、通常、週に8～9時間に対して、週16～18時間も教育に従事しています(参照:KMK, 2009、およびMoeslein/Huff, 2006)。

ています。

- 3段階の高等教育システム：学士・修士・博士の学位
- 学位の学習内容を示す共通様式(ディプロマ・サプリメント)の使用を含めた、国境を越えた学業成績評価の簡素化
- ヨーロッパ単位互換システム(ECTS)
- 質保証における協力
- 大学教員の移動の推進
- 高等教育のヨーロッパ規模での強化

② **ドイツにおけるボローニャ・プロセス**

以前から知られているドイツの学位には、「ディプロマ(応用科学大学(注2)および総合大学での授与)」、「修士(Magister)」、「国家試験資格」があります。これらは2009年からおおむね学士(bachelor)と修士(master)の2層構造に置き換えられつつあります。特に産業界と学術界のこの改革に加え、教育内容の実質的改革が伴わなくてはなりません。提供される学位課程が時代に即した妥当なものであるかどうか、精査する必要があります。

「ドイツ連邦州・教育文化担当大臣の常任会議」は、ボローニャ・プロセスを実行することにより、次のような点を期待しています。

- 大学の発展へのすべてのステークホルダー（利害関係者）の関与
- 教育プログラムの透明性の増大
- 高等教育における可動性と国際化の推進
- 学習パスの柔軟性の改善
- 大学の強みに合った競争力のある特性の育成と教育プログラムの設計
- 学生の中退率の低減と学習時間の持続
- 学士・修士プログラムの質保証と認定

新しいシステムの下での学士取得には、通常3～4年が必要であり、これが最初の専門的な資格となります。修士課程は、第2段階として提供され、さらに1～2年を要します。修士課程は、学士取得後に同分野で継続して学ぶプログラム（連続型）と、大学卒業後の実務経験を必要とするプログラム（生涯教育型）とに分かれています。学士および修士のプログラムはモジュール方式で設計されています。モジュールとは、1モジュールにつき一定の学習時間・学習内容・付与する単位数を定めた授業の規格で、単位互換性を高めるのに役立っています。これにより学士と修士の課程は、大きく自己完結型で検証可能なユニットで構成されているのです。

モジュール制プログラムは、いくつかのモジュールからなり、必修科目と選択科目で構成されています。各モジュールは、最終試験によって終了し、履修者には単位と（必要に応じて）成績が与えられます。モジュール化の利点は、モジュール設計とプログラム開発

が、学生の修得すべきスキルに焦点を合わせられることです。その結果、学生の「学習成果」に注意を集中させることが可能となるのです。これは同時に、学生の彼ら・彼女らの努力とスキル（学習成果）が前面に押し出されることを意味しています。

すべてのプログラムは、国の認定制度に沿って評価されなければなりません。また、ある学部は、学部におけるすべての学習プログラムを認定することが可能です。さらに、特定科目の認定、あるいは学科横断的な認定を行う機関が存在します。ただし、すべての機関は、ドイツの認定評議会と同じ基準や規格に準拠しています。認定機関は、まず定期的に自身が認定評議会の評価を受けています。それにより大学教育プログラムを認定し、認定評議会の証明を授与することが許されるのです。しかしながら、学部、学科または大学全体の制度は、現在のところドイツの認定システムでは認定することができません。これまで正式に認められた認定機関は、個別的教育プログラムのみの認定にあたっています。というのも、個別プログラムが対象であっても、それは大規模大学の場合、1つの研究所に対して時には200以上の認定プロセスを実施させることになるからです。これが、特に大規模な州立大学がボローニャ・プロセスに反対するもう1つの理由です。しかし一方、応用科学大学にとって質評価証明書を獲得することは大きなチャンスです。この結果、応用科学の大学は、教育プログラム認定の面では国立・州立大学よりも先進的で有利な立場にあるのです。

(注3) ドイツ語の"Betriebswirtschaftslehre"は、「企業経営と経営管理の学問」として翻訳するのが良いかもしれません。
(注4) 最初に設立されたのは、アーヘン、ライプツィヒ、サンクト・ガレン、ウィーンです。
(注5) 応用科学大学からも優秀な学生は、プログラムへの参加を許可されているケースがあります。

(4) ドイツにおけるビジネス教育

① 概要

ドイツにおけるビジネス教育は、1898年に最初の商業学校（Handelshoch-schulen）が設立されたことに始まります。ケルン、フランクフルト、マンハイムの場合には後に総合大学にも組み込まれていったケースもあります（アーヘン、ベルリン、ミュンヘン、ニュルンベルク）。あるいは、高等ビジネス教育のための民間機関として再設立されました（ライプツィヒ）。今日、80以上の総合大学や140の応用科学大学が経営学・経営管理を教育プログラムとして提供しています。大学もしくは大学と同等のレベルの機関では10％未満、応用科学の教育機関では約20％が民間所有となっています。経営管理の分野において、1938年には、わずか15人の専任教授が約3000人の学生を指導していたのに対して、現在は16万人を超える学生が1800人以上の教授と7000人を超えるティーチング・スタッフによって指導を受けています。

「ボローニャ・プロセス」以前のドイツでは、総合大学と応用科学大学の両方のタイプの大学が、経営学・経営管理のディプロマ・プログラムを提供していたのですが、博士課程に進学する資格が認められるのは総合大学の卒業生だけでした。企業は、応用科学大学における教育プログラムのほうがビジネスの現実に近いと考え、その卒業生をしばしば優先的に採用するものの、初任給は総合大学卒よりも低い水準となっていたのです。従来のディプロマ・プログラムでは、通常、3～4の学期の基礎課程で学び、その後、

本課程を修了するためには4〜5の学期が追加されました。一般に、基礎課程教育の重点は、経営管理、経済学、統計学、ビジネス、法律、IT、数学、そしてコスト会計における基本的な知識の取得に置かれていました。また、本課程では、学生は専門分野から2科目を選択する必要がありました。さらに、学生が学位（ディプロマ）を取得するためには、通常3〜6カ月という期間でディプロマ論文を準備しなければなりませんでした。また、いくつかの機関、特に応用科学大学と民間機関では、インターンシップ、あるいは「実務的なプロジェクト」が必須要素として含まれていました。

② ドイツにおけるボローニャ・プロセスとビジネス教育

ボローニャ・プロセスは、ドイツのすべての高等教育機関にその特徴や役割、位置づけを考え直すよう強制しました。経営学と経営管理学の分野も例外ではありませんでした。とりわけ、伝統的な大学は強くボローニャの考え方に反対しましたが、一方で応用科学大学はボローニャ・プロセスを1つのきっかけとして捉え、教育内容を向上させ、グローバル化の進展と競争環境の激化のなかでより良い地位の確立を目指したのです。その結果、膨大なプログラムが新たに発足し、多様な視点、深さ、広がりを伴う教育を提供できるようになりました。ボローニャ・プロセスは、質の明確化には役立ちましたが、その一方で高等教育の区分は、学生や雇用者にとって次第にわかりづらいものになったと言えます。

ボローニャ・プロセスのもう1つの影響ですが、それは伝統を変え、総合大学と応用科学大学との間の区別を明確にしたことにあります。多くの応用科学大学は、伝統的なドイツのディプロマから学士号と修士号の構造へより速やかに、実効性をもって移行しました。

(注6) ドイツ語でHochschulrahmengesetz、学位の種類など、大学教育を規制するドイツの連邦法です。

総合大学とその教授が反発した新しいシステムは、応用科学大学の修士が博士課程に入学することを許可したのです。応用科学大学ではまだ博士課程そのものを提供することは許可されていませんが、その多くはすでにドイツや海外の大学と提携し、共同博士課程を設定しています。

現在、ドイツの4つの認定機関が正式にビジネス・スクールのプログラム認定機関として認められています。学生の期待に応えるために、ビジネス・スクールもAACSB (Association to Advance Collegiate School of Business) あるいはEQUIS (European Quality Improvement System) のような国際的な認定機関によって追加の認定を取得することへの関心を高めています。しかしこれは、ドイツでは正式に認められていません。

③ ドイツにおけるMBAと経営管理教育

経営学修士（MBA）は、19世紀後半に米国における工業化の過程で誕生しました。最初のビジネス・スクールは1900年に設立され、商学の領域における理学修士を提供していました。これが現代のMBAの前身です。そして、1908年にハーバード大学が世界初のMBAプログラムを開始しました。ヨーロッパでは、インシアード（INSEAD）が1957年にMBAプログラムを提供する最初のビジネス・スクールとなっています。

ドイツがMBAを採用したのは、欧米諸国のうちで最も遅いほうでした。1998年になって、大学大綱法(注6)の変更によりドイツの大学で修士号（master）の提供が許可され、それに伴い修士の特殊なタイプとしてMBAの学位が許可されたのです。それ以降、主要

総合大学ならびに応用科学大学でMBAコースが設立され、その多くはイギリスやアメリカのビジネス・スクールとの協力関係にありました。長い伝統を有するドイツのディプロマ・システムがあったために、学士を取得したのち、数年の職業経験を経てから大学に戻るというMBA教育の考え方は、普及には時間がかかります。しかし、2011年のある調査によれば、現在ドイツは将来のビジネス・スクール志願者にとって世界で7番目に人気のあるMBA入学先に選ばれています（QS TopMBA.com Applicant Survey 2011）。

2011年12月に実施された別の調査によると、学生がMBA教育を受けるために必要とする費用は、ドイツで平均2万ユーロ、他のヨーロッパ諸国で3万ユーロ、そしてアメリカで6万5千ユーロとなっています。国際性の面では、調査対象大学の上位を多くのヨーロッパのビジネス・スクールが占めており、学生の90％以上が留学生となっています。特にドイツのプログラムは、ますます国際化が進んでいます。ドイツ人学生のみを対象とする授業はわずか22％にとどまり、プログラムの約3分の1は、英語のみで実施され、また半数以上は2言語使用となっています。

ドイツにおいては伝統的な州立大学が依然として主要な役割を果たしており、経営学修士の90％以上は州立大学を卒業しています。最近、いくつかの連邦州では学期あたり500～1000ユーロの授業料を徴収することが認められました。しかし、他のいくつかの連邦州では、新たに選出された左派の州政府（たとえば、ノルトライン・ヴェストファーレン州、ハンブルク市）によって授業料が再び廃止されています。ドイツの大学の大半は国立（州立）なのですが、評価ランキングにおいては私立大学が優勢です。

33　第2節　ボローニャ・プロセスとビジネス教育の課題

(5) ブレーメン経済工科大学（HSB）での事例

① 概要

ブレーメン経済工科大学（Hochschule Bremen, HSB）ですが、その起源は1799年に設立されたブレーメン航海術学校にさかのぼります。そして、技術、ビジネス、社会科学、航海学のための独立した4大学が統合され、1982年にHSBが設立されました。HSBでは、約8000人の学生が学んでおり、5つの学部（国際ビジネス、建築・土木環境工学、社会科学・メディア研究、電気工学・コンピュータサイエンス、自然科学・工学）が提供する70のコースから専攻を選ぶことができます。2005年から2006年の冬学期時点で、すべての学位課程は学士および修士の学位構造（44の学士と26の修士課程）に統合されました。

授業料によって運営される私立の教育機関は、学生に対して質の高いサービスを提供することから、修学期間が短く済み、卒業後の高い給与水準が見込まれ、結果として卒業生が高い満足度を示すのです。これに対し、いくつかの州立大学が、厳格な連邦政府の法律の「抜け穴」を利用し、既存の学科と並行して別の民間機関（たとえば、マンハイム・ビジネス・スクール）や特別部門（たとえば、ブレーメン国際大学院センター）を設立しました。これらは既存学科の傘下組織として、MBAプログラムやエグゼクティブ教育を展開しています。

第1章　各国の注目すべきビジネス教育

② 国際化戦略

すでに1980年代、HSBは国際化戦略を採択し、最初の国際的な学位課程を設立しました。ボローニャ・プロセスによる変革は、HSBを国際的な高等教育機関としてさらに発展させるため、着実に活用されてきました。今日では、留学や海外でのインターンシップ経験が半分以上の学位課程で必修となっています。また、外国語の授業が提供されており、外国語で提供されるコース数も増加しています。国際ビジネス学部では、最も国際

●ブレーメン経済工科大学校舎●

●ブレーメン経済工科大学学食●

35 第2節 ボローニャ・プロセスとビジネス教育の課題

的な教育がなされており、すべてのコースの約30％が英語によって教えられています。また、学生と教員の大学間交流のみならず、コースの内容も世界中の約300の提携大学と協力関係を形成しています。

HSBはUAS7コンソーシアムのメンバーとして、ドイツにおける6つの他の主要な応用科学大学と共同で、ニューヨークに連絡事務所を設置しています。その目標は、北米・ヨーロッパ間における大学や企業との協力を拡大し、促進することにあります。数多くの国際学位課程をもっている点で、HSBはドイツのトップクラスを維持しており、それがトレードマークである国際性の豊かさを裏づけています。HSBの国際化に向けた努力が認められ、2000年にはドイツ学術交流会（DAAD）の賞を受賞しています。ドイツ学術交流会と言えば、全ドイツ高等教育機関の「外務省」と言うべき役割を果たしている団体です。2001年にはHSBの国際的なマーケティングへのコミットメントが認められ、ブレーメン・マーケティングクラブ主催、大学の革新のための「ハイライト」マーケティング賞を受賞しました。また、2004年にドイツ学術交流会からは「ヨーロッパ質保証書 2004年ソクラテス・エラスムス」を付与され、ドイツと諸外国において、エラスムス計画に参加している学生および教員の交流への成功と貢献が認められています。

③ **国際ビジネス学部（SiB）**

国際ビジネス学部（School of International Business, SiB）は、5学部のなかで最大の学部であり、約3000人の学生と21の学士および修士課程を有しています。ここ

ブレーメン経済工科大学のカリキュラムの例（英語版）

Applied Business Languages B.A.

Term	Module 1	Module 2	Module 3	Module 4	Module 5
1	Arabic, Chinese or Japanese I	Arabic, Chinese or Japanese II (Oral)	Economy and Society of Target Region I	Business Administration - Basics	Business English I or Business French I
2	Arabic, Chinese or Japanese III	Arabic, Chinese or Japanese IV (Oral)	Economy and Society of Target Region II	Accounting and Finance	Quantitative Methods (Statistics, Informatics)
3	Arabic, Chinese or Japanese V	Arabic, Chinese or Japanese VI (Oral)	Economics - Basics	Business Functions (HRM, Logistics, Marketing)	Economy and Society of Target Region III
4	Arabic, Chinese or Japanese VII	Arabic, Chinese or Japanese VIII (Oral)	Business Law	International Business Studies	Economy and Society of Target Region IV
5	Preparation for Semesters Abroad	Study Course Abroad			
6	Internship Abroad				Follow-up of Semesters Abroad
7	Arabic, Chinese or Japanese IX	International Management I	Specialisation I (Marketing or Finance or HRM)	Elective (e.g. Project Management or Logistics)	Bachelor Project
8	Arabic, Chinese or Japanese X	International Management II and International Business Law	Specialisation II (Marketing or Finance or HRM)	Economy and Society of Target Region V	Bachelor Thesis

Please note: Each module awards 6 Credits, 30 Credits per term, total 240 Credits.
One term takes 15 weeks of study, each module comprises 60 contact hours and 120 independent learning hours.

（出所：ブレーメン経済工科大学ホームページ）

では、実務経験豊かな教授と多くの講師が、経営学、経済学および関連分野における幅広い専門知識を提供しています。プログラムのコンセプトは、ビジネスおよび経済学の基礎的知識を幅広く学生に提供し、これに加えて地域レベルの、あるいは特定のビジネスや業界における専門知識を学ばせることです。テクノロジー分野や、会計学のような専門分野にも力を入れています。最も重要視していることは、重要な分野のスキルを学生に体得

第2節　ボローニャ・プロセスとビジネス教育の課題

させることです。

この学部は、とりわけ豊かな国際性が特徴です。学生の約70％が必修として1学期または2学期を海外で過ごし、留学やインターンシップを経験します。いくつかのプログラムは、近隣のヨーロッパ諸国を念頭に置いて設計されており、他のプログラムは世界経済における特定地域、たとえば東アジアなどを対象にしています。多くの学生は、世界中のどの国で過ごすかを選択することができます。これは、広範な協定校のネットワークによって可能となっており、またこれらの協定校からブレーメン経済工科大学にも1～2の学期を過ごすために多くの留学生がやってきています。

学生は、専門知識と外国語能力の両輪において異文化への対応力を効果的に磨き、今日のグローバルビジネス界の複雑な要求に応えるため能力を身につけているのです。

④ **国際大学院（IGC）**

1995年に設立されたMBAはリーズ・メトロポリタン大学との共同開設でしたが、国際大学院（International Graduate Center, IGC）はHSBが主体となり、経営とリーダーシップのための学際的な大学院として2004年に開設しました。ボローニャ・プロセスから生まれた新たな機会を利用したのです。

さらに2009年、国際大学院は、学長に対してのみ責任を負う独立事業部門になりました。国際大学院は非営利団体ですが、運営費すべてをまかなうために授業料を徴収することができるHSB唯一の部門です。

国際大学院では、大学卒業者に対していくつかのMBAと国際的またはヨーロッパに関

第1章　各国の注目すべきビジネス教育

わるビジネス・経営分野での修士号を提供しています。3つのフルタイムと2つのパートタイムのMBAプログラムがあり、ドイツの全大学院のMBAプログラムのなかで最も広範囲のMBAプログラムを提供しています。そして、フルタイムコースはすべて英語で教育が行われています。

1年間のフルタイムのMBAプログラム、つまり国際経営、観光経営、そしてヨーロッパ研究の修士号は、基本的には外国人受講者向けです。国際MBAプログラム（IMBA）は、デュアル・プログラムであり、学生はブレーメンで1学期間学び、その後、アメリカ、フランス、イギリス、スペイン、ロシア、マレーシアといったインターナショナル・ビジネス・スクール・アライアンス（IBSA）の提携大学で1学期間を過ごします。一方、パートタイムのエグゼクティブMBAプログラムでは、2011年3月に新しいMBAPプログラムとして東アジアの経営管理を導入しました。このプログラムはドイツ語圏の国で、アジアに重点を置いた唯一のパートタイムMBAです。教育の言語は英語であり、プログラム参加者は中国、日本、韓国、インドから特に学びたい国を選ぶことができます。

すべてのプログラムに独自の特徴があるのですが、国際大学院には次のような共通の特性があります。

- ビジネスの世界との近接性

すべてのプログラムは、高度な実践的教育を特徴としており、中間および上級管理職レベルでの複雑な管理タスクに対応できることが目標です。経験豊かな経営幹部を講師として招き、プレゼンテーション、プロジェクト、修士論文において、参加者の

第2節 ボローニャ・プロセスとビジネス教育の課題

・国際性

いくつかのプログラムは百パーセント英語使用ではないものの、英語モジュール、国際的なゲスト講師、そして海外への旅行が、学生の異文化対応能力を促進します。すべてのプログラムで重要な特徴となっているのは、異文化間交流トレーニングの提供です。このため国際大学院では、大学の「異文化間マネジメント・センター」と密接に連携しています。

・質と成功

MBAが1995年に開始されて以来、HSBは継続的に修士学位プログラムのポートフォリオを開発してきました。すべてのプログラムが、定期的な認定を繰り返し受けることで、高い質基準を長期的かつ継続的に証明しています。

・ソフトスキル

体系的に構造化されるマネジメント・タスク、および参加者と教員の共同議論は、学生自身の専門能力を発展させるのに役立ちます。プログラムは、最新の管理技術と適切な問題解決の方法を提示するだけでなく、重要な意思決定における相互依存性を強調し、戦略的思考を鍛えます。

第1章　各国の注目すべきビジネス教育

(6) **結論**

多くの人が反対したものの、ボローニャ・プロセスは、ドイツの大学にとっての新しいチャンスを創出し、ドイツと近隣諸国の高等教育システムを調和させる役割を担っています。本節で示したように、とりわけ応用科学大学は、これらの機会をうまく利用してきました。ドイツの大学はビジネス教育の長い伝統をもっていました。しかしそのドイツ独自の学位制度が1990年代後半まで、世界の舞台への参加を阻んできました。新たなMBAや経営幹部教育が始まって日が浅いことを考えると、ドイツのビジネス・スクールが、国際ランキングでわずかしか見受けられないことは当然です。しかし、ドイツの教育機関はこれから急速に追い上げていくでしょう。

ブレーメン経済工科大学の事例は、応用科学大学がボローニャ・プロセスをきっかけに、いかにその国際的な知名度を強化し、国際的ビジネス教育における専門知識を拡大できたかを示しています。確かに、ブレーメン経済工科大学、とりわけ国際ビジネス学部と国際大学院は、これまでのところ大きな成功を収めています。しかし、ドイツだけでなく、海外の私立・国公大学との競争が激しくなるなかで、今後もそれに立ち向かっていけるかどうか、自ら検証する必要があります。ドイツには「前に進まなければ、取り残されるだけである」という諺があります。変革は続けなければならないのです。

参考文献・参考URL

Albach, Horst (1990) Business Administration: History in German-Speaking Countries, in: Grochla, E. et al. (eds.) (1990) Handbook of German Business Management, Vol. 1, Stuttgart, pp. 246-270.

HRK (Hochschulrektorenkonferenz) (2011) Bologna im Überblick, online http://www.hrk-bologna.de/bologna/de/home/1916.php (access: 20.10.2011).

KMK (Kultusministerkonferenz) (2009) Basic Structure of the Education System in the Federal Republic of Germany, online http://www.kmk.org/fileadmin/doc/mba-programmes.com (2011) Germany MBA and Master Courses, online http://www.mba-programmes.com/mba-germany.php (access: 25.10. 2011).

Moeslein, Kathrin M. Anne Sigismund Huff (2006) Management Education and Research in Germany, HHL Arbeitspapier Nr. 75.

Quacquarelli, Nunzio (2011) QS TopMBA.com Applicant Survey 2011, online http://content.qs.com/pr/QS_TopMBA.com_Applicant_Survey_2011.pdf (access: 22.10. 2011).

Staufenbiel (2011) Staufenbiel MBATrends 2011/12: Die wichtigsten Ergebnisse in Kürze, online http://www.mba-master.de/service/mba-studie.html (access: 20.10. 2011).

ビジネス・スクールにおけるマイクロカンパニーの取り組み
~レンヌ商科大学の経験~

ロランス・ランベール

(1) はじめに

フランスにはパリと並んで日本人観光客が多く訪れる場所があります。それは、フランス北西部、ノルマンディー地方とブルターニュ地方の境にあるモン・サン・ミッシェルという修道院です。この修道院は陸地から離れた海のなかにあり、干潮のときには陸続きとなりますが、満潮のときには海のなかの孤島となってしまいます。対岸のイギリス、コーンウォール地方には、同じような立地のセント・マイケルズ・マウントという修道院があります。この2つの修道院は同じ宗派の人々が建てました。イギリスのコーンウォールやウェールズ、アイルランド、スコットランドには、いまなおケルト文明が残っていますが、ブルターニュ地方は、ヨーロッパ大陸で唯一ケルト文明が残っているところです。「海に沈んだイスの都」「沈める寺」や「トリスタンとイズー」などの伝説の生まれた地です。この地方の首都となっていたのがレンヌ。ここでは、レンメ商科大学でおこなわれている実践的教育について紹介しましょう。

第3節　ビジネス・スクールにおけるマイクロカンパニーの取り組み

(2) マイクロカンパニーとは?

実践的な学習は、今日、学生たちが学んでいる理論をよりよく理解するためにますます一般的な学習法となりつつあります。伝統的にフランスにおけるビジネス・スクールである「グランゼコール（Grandes Ecoles）」は、この学習法を事業企画やインターンシップ、組合活動（les Associations）と呼ばれているものなどを通じておこなってきました。レンヌ商科大学はこのコンセプトをより一層発展させ、授業内容の枠組みを明確化させたうえで、組合ではなく「マイクロカンパニー」と名づけたのです。そしてこの科目を必修科目として学生に履修させました。

マイクロカンパニーは、公式に作られた組織を基礎とする学生の団体で、その事業計画と活動は学生によって管理されます。それらのカンパニーは年間を通じて運営され、それらを規制する法的な枠組みにしたがって設立され、レンヌ商科大学ビジネス・スクールによって規定された詳細なルールにしたがって新しいチームへと引き継がれます。

●モン・サン・ミッシェル●

●セント・マイケルズ・マウント●

(3) マイクロカンパニーの目的

マイクロカンパニーには、いくつかの目的があります。まず第一に教育上の目的ですが、ビジネス・スクールの目的は、単に知識のある人間を養成することではなく、有能なマネジャーを養成することです。したがってビジネス・スクールとしては、企業で求められる能力をいかに学び、いかに発展させるかという問題に答える必要があります。次にチームをつくる目的ですが、本質的にマイクロカンパニーに関与するということは、グループ内で働くということ、すなわちチームとして働くことを要求します。最後に市場における活動の目的ですが、マイクロカンパニーが社会のなかで一定の役割を演じているのと同時に、それらはまたビジネス・スクールにとっては社会との交流の手段ともなっているのです。

(4) 実践的学習の理論

「具体的な行動にたずさわること」が、なぜ学習プロセスの重要な特徴なのでしょうか。そして、どのように人の「能力」を発展させればいいのでしょうか。これらは教師にとっての主要問題であり、また、マイクロカンパニーを通じて能力の開発をおこなおうとするレンヌ商科大学の教育法の基礎をなすものです。

理論的な側面から考えると、「コルブ（Kolb）の実践的教育モデルは、効果的な学習過程を構築するための一連の行動を明示しています。まずはじめに、学習者は新しい具体的な経験に能動的に関与することになります。次に、これまで得てきた知識をもちいて、学

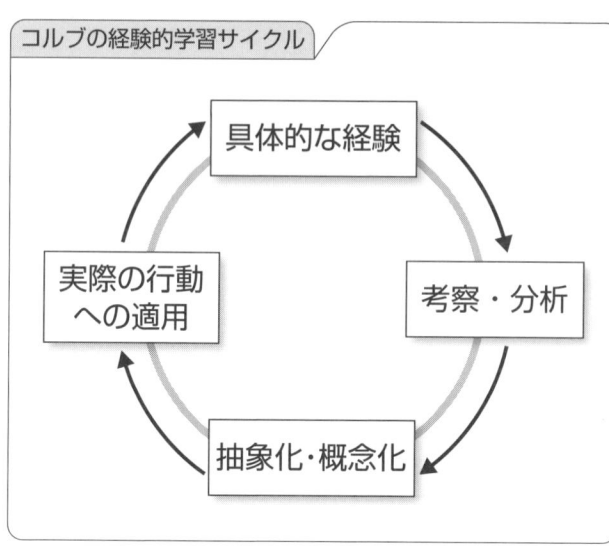

コルブの経験的学習サイクル

具体的な経験 → 考察・分析 → 抽象化・概念化 → 実際の行動への適用 →（繰り返し）

習者はこれらの新しい経験をさまざまな側面から分析します。そうすることによって学習者は抽象的な概念を導き出したり、一般化をおこなうようになったりします。そうして得られた概念や一般化は、次には、問題の解決や意思決定の場において、能動的な経験として役立てることができるのです。ほとんどの人たちは、これらのプロセスのうち1つか2つに熟達しますが、それによってある学習スタイルが明確に生み出されてくるのです。この学習スタイルは、個人の性格や文化的背景、そしてその人の教育環境や指導のやり方によって、また個人が形成されてくる過程によって決まります。

バンデューラ（Bandura）は社会のなかでの他者からの影響と模倣のモデルの重要性を強調しています。そのモデルは、真似をすることを通じて積極的に作用する場合もあれば、人が真似をすることに否定的であったり、やりたくないものはやらないという選択をおこなったりした場合には消極的に作用します。他にも多くの研究者がそれぞれの学習モデルを提示しています。能力開発のモデルをデザインするにあたって、ボテルフ（Guy le Boterf）は考慮

第1章　各国の注目すべきビジネス教育　46

(5) 教師主体の授業から学生主体の授業へ

実際の教育現場では、教師主体のアプローチから学生主体のアプローチへと展開していくことの重要性が示されています。教師主体のアプローチを再現してみると、学生は聞き、観察し、答えを出し、指示にしたがって再現して考え、何かを試み、与えられた情報を用いて学習するでしょう。あるいは答えがみつからなかったり、だんまりを決め込んだりするでしょう。

これに対して「表現と創造」のシステムにもとづくアプローチでは、学生は自発的に調

されるべき新しい局面をくわえ、よりシステマティックなアプローチをとっています。能力を開発するということは、新しい環境や状況にうまく適合することを意味しています。すなわち、その新しい環境や状況とは、学習者に、モデルに順応し、差異や同一性を認識する能力を必要とする場合です。そのような場合には、次の3つのことが重要になってきます。すなわち、物事をどうおこなうかを知ること、物事を能動的におこなおうとすること、そして、物事をおこなうことができること、ないしはおこなわせてもらえることです。

これらの理論から次のことが導き出されます。すなわち、学習するということは複雑な過程で、さまざまな段階や活動を伴うということ、コルブのループが断ち切られてしまったら、学習のための理想的な条件が整わないということ、1つの解決法がみつかるというのではなく、逆に、異なる学習スタイルに応じて、また、異なる文化的状況に応じて、多面的な対応が求められるということです。また、感情や他者からの影響は学習過程に必ず伴うものですし、能力は常に「一連の行動に関係づけられて」いなければなりません。

査をし、発見をします。時には躊躇したり、質問をしたり、指示をおこなったりします。また、新しい考えをもち込み、イニシアティブをとり、問題を解決し、同僚の学生と論争したり意見の交換をしたりします。さらに、助力を求め、助言を与え、仮説をたて、評価し、選択をおこない、意思決定をしたりします。この学生主体のアプローチは「教師」によって演じられる役割が、単なる講義をおこなう先生ではなく、現場の指導者となっていることが重要なのです。すなわち教師は、学生が自身の認識・想像システムや価値判断のシステムを理解することを促し、経験から生ずるものを解釈したり意味づけたりすることを助け、さらに自身のパーソナリティーを理解することを一層発展させたり、評価のための情報を与えたりするのです。さらに、学習することとは認識のプロセスにもとづくばかりでなく、感情や感動をも伴うものです。すなわち、学習とは社会的であると同時に認識的なプロセスなのです。

(6) マイクロカンパニー～実践を通じて学び能力を開発すること～

マイクロカンパニーは、「保護された環境」のなかででは ありますが、それは、このプログラム全体を通じて、学生が実際の経験を積む「絶好の場」であると言えます。それは、このプログラム全体を通じて、学生が実際の経験を積み「絶好の場」であると言えます。とるリスクや彼らが直面する利害関係のなかで、次々と発生する実際の諸問題に相対することを意味しています。このプログラムの主要な目的が、学生が実際の会社において責任あるマネジャーになることであると考えるならば、マイクロカンパニーは、この最終的な目標に向かって一歩ずつ彼らを導く里程標となるでしょう。マイクロカンパニーで責任をもつことは、その後、近年ますます求められるようになってきているコンサルタントの経

第1章 各国の注目すべきビジネス教育 48

験やインターンシップにおいて生かされてくるでしょう。それらはまた、より多くの参加の機会や知識・創造性とともにより多くのリスクや積極性を求める学生からの要求でもあるのです。しかし、これらすべてのことは、この開かれた学習プロセスの各ステージでそれぞれの役割をもっており、実践的学習を通じて学生を成長させることに寄与しているのです。

実際におこなわれるプロセスは、学生の要求を汲み取ることとコルブのサイクルにモデル化された学習プロセスを実践することです。つまり、学生が現実の問題に直面したとき、彼らはまず専門的な方法での管理のやりかたを経験し、次に期待される学習の成果として考えられる事柄をみいだします。すなわち、計画し、組織し、統率し、指導するといったような学生のソフト面や管理スキルの上達、イニシアティブをとる能力、そして学習に対する自立的な態度などです。最終的に、教室のなかで得られた理論的な知識を確かめやすくすること、経験したことを分析する機会を提供すること、そしてその他の事例や新しいプロジェクトを通じてより一層の経験を積むことの三者か、一連の学習コースとして成立するならば、コルブのループが閉じられたことを意味します。学生たちは彼らの経験を多くの学習コースに関連づけることができますし、学部はこれらの経験をそれぞれの学習コースのなかで役立てることができるのです。

● マイクロカンパニー室内の学生たち ●

第3節　ビジネス・スクールにおけるマイクロカンパニーの取り組み

マイクロカンパニーはまた、学生に他の学生と出会い、交流する機会を提供しています。グループとして働くこと、すなわちどのようにチームを編成し、どのようにチームを動かすということを学びつつ、他の学生の性格や嗜好を理解し、同時に自己の能力と知識を発達させる機会を提供します。

市場でのおこなう目的は、それらの活動を通じて、とりわけ外部の利害関係者に対する活動を通じて、学生が外部社会に学校の積極的なイメージを伝えることができることにあります。それはまた、学生が世界のどのような社会のなかでも、市民としての役割を担うことをも可能にします。

(7) マイクロカンパニーの活動内容

マイクロカンパニーにはさまざまな活動や目的があります。たとえば、調査や組織監査や業界誌の編集などの企業に対するサービスの提供、展覧会のような文化的イベントの実行や若者の才能の発掘などといった文化的活動、最も情熱的なプロジェクトとしては、「国際4Lトロフィー」という、2千人が参加し、千台の車がレンヌから南モロッコまでドライブするといったようなスポーツイベントの開催、さらにはアフリカの子どもたちやメキシコの共同体に対して教育や健康サービスを提供するような人道的・社会的プロジェクト、そして専門家のカンファレンスを開催するようなイベント企画などがあります。現在、レンヌ商科大学には、さまざまなカテゴリーに分類される20以上のマイクロカンパニーがあります。

(8) マイクロカンパニー運営のための4つの枠組み

グランゼコールのプログラムのなかで、マイクロカンパニーによって提供されるプロジェクトに参加することは、第一年次のすべての学生に必修として義務づけられています。これはカリキュラムの一部なのです。

そのために、学校は4つの枠組みを準備しました。まず法的枠組みですが、マイクロカンパニーはフランスの関係法令に則って設立されています。この立場が、学生の責任・所有権・関与を明確化しています。また、マイクロカンパニーは非営利的な組織なので、すべての利益はマイクロカンパニーへ再投資されなければなりません。それらは法律によって規定されたルールに従わなければならないのと同時に、学校によって規定されたルールにも従わなければなりません。たとえば、マイクロカンパニーが次のチームに引き継がれる場合には、レンヌ商科大学の特定の金融ルールに従わなければなりません。

次に倫理的枠組みですが、学生は、金融上の責任、会社との関係、交流、組織、安全といったようなさまざまな問題を規定し、それらに対応する原則が示されている倫理規約にサインをしなければならないのです。

そして教育的枠組みと運営上の枠組みです。「マイクロカンパニー」という言葉は、2年前にそれまで使われていた「組合」という言葉にかわって、期待される学習効果を高めるためにつくられました。学習プロセスのなかでそれらが果たす役割は、これまで述べてきたように、現実の世界で会社が運営されるのと同じことなのです。マイクロカンパニーは遊ぶためのものではなく、現実的な学習の手段なのです。もちろん、たとえ前向きで楽し

い雰囲気がモチベーションを生み出す要因だとしてもです。

（9）マイクロカンパニーのタイムスケジュール

マイクロカンパニーの学習サイクル

教員による指導と点検

1. 入学 チームへの配属 9〜10月
2. 引き継ぎ 11月〜12月（チームの交代）
3. 審査委員会による ビジネスプランの承認 1月
4. 審査委員会による 最終監査と評価 4月と12月

学校はタイムスケジュールを設定し、学生からの定期的なレポートを通じて活動をコントロールし、アドバイスや特定の訓練を与えます。また、理論的な学習コースとのつながりを提示し、特定の問題に関しては許可を与え、最終的にチームや個々の学生を評価します。このタイムスケジュールは学年歴と一致しています。新しいチームは彼らの学習プログラムの最初の年の10月にマイクロカンパニーを引き継ぎます。そして、12月から次の年度の12月までの市場での活動計画をたて、1月にそれを評価する審査委員会に提出します。計画された活動を実行し、4月と（翌年度の）12月に評価のための監査を受けます。その間、（翌年度の）9月には新しいチームを募集し、（翌年

第1章　各国の注目すべきビジネス教育　52

度の）10月に次のチームに手渡します。

学校のチームに対する評価は、30％が1学年の間の6回の監査にもとづいておこなわれ、70％が年間2回行われる審査員の前での公式のプレゼンテーションによっておこなわれます。個人の点数は、チームの点数を基礎とし、それぞれのメンバーが他のメンバーに与えたチームに対する貢献度にしたがって決められることになっています。評価は、彼らのビジネスプランの質、そしてマイクロカンパニーの質的ならびに量的結果（方法・結果・プレゼンテーション技術）にもとづいて決められます。

学生たちの役割は、マイクロカンパニーのプロジェクトに全面的に関与し、ルールと手続きを尊重し、適切な態度や行動について彼らがサインした倫理規約にもとづいて行動することです。

⑽ **今後の課題**

学校におけるすべての活動と同様に、マイクロカンパニーはその目的、運営方法、コントロール・システム、内部ならびに外部に対する透明性の確保などで、絶えざる改善を求められています。さらには、マイクロカンパニーは学校の戦略にも関与しています。今後改善されるべき点として、以下のことが考えられます。すなわち、国際的な展開と外部パートナーとの連携の強化、多くの人に認められる市場での活動目的に適合するような、また、学生の関与が増大するような、より意欲的なプロジェクトの推進、そして、運営上の改善点をみいだし、それを実行に移すことなどです。

INFORMATION

イギリスの大学事情

(1) 教育の特徴

イギリスにおける高等教育の歴史は長く、900年以上の歴史をもつ。イギリス最古の大学はオックスフォード大学。直後にケンブリッジ大学が創設された。この2大学は長い伝統を誇るだけでなく、世界中から学生が集まる最高水準の教育・研究レベルを誇る大学として知られている。また、芸術分野の充実も世界的に有名である。現代は、ロンドンを中心としてさまざまな学校が、ファッション、アート、デザイン系分野のコースを提供し、多くの学生が個性を重んじる気風のなかで独創性豊かな芸術を学んでいる。

(2) 大学の種類と開設数

ケンブリッジ大学などに代表されるOld Universityと、1960年以降に設立された職業教育を中心としたNew Universityに分かれる。イギリスには大学が100校以上あるが、バッキンガム大学およびBPP University Collegeを除けば、すべてが国立大学である。その他、職業訓練コースや高等教育を含む幅広い分野の教育をカバーするカレッジなど、大学ではない高等教育機関が130以上存在する。学校は原則として9月に始まり、3学期制を採っている。

(3) 入試制度

卒業制度ではなく、全国統一試験(科目ごとに行われる検定試験)を受け、資格を取得することで学歴を証明していく。卒業制度のように出席日数や在学年数で得られる資格はなく、すべてが統一試験の成績にかかっている。大学への入学資格として広く使われるのは、通常18歳で受けるGCE -A Level (General Certificate of Education, Advanced Level)という統一試験であり、これにより大学で専攻する予定の「専門分野」の基礎知識が問われる。通常専攻に応じ2科目から4科目を選択する。

(4) 学費

2011年度では、EUの学生が支払う学費は最高

第1章 各国の注目すべきビジネス教育

で3375ポンドと決まっていたが、2012年10月からは最高で9000ポンドとなった。留学生の学費は学校によりかなり異なるが、目安としては、大学進学準備コース：年間4000～1万2000ポンド、文系コース：年間7000～1万7500ポンド、理系コース：年間7500～3万3500ポンドである。

（出所：「大学留学.net」http://www.daigaku-rygaku.net/faq/uk.shtml#q_01）

(5) 一般教養教育

一般教養課程はない。大学入学に必要なGCE-A Levelの試験内容が日本の大学1～2年の一般教養課程に当たるので、大学には一般教養課程がなく、1年次から専門を学ぶ。大学のコースは細分化されており、日本の大学に比べるとより専門的になっているのが特徴である。

参考文献

苅谷剛彦『イギリスの大学・ニッポンの大学』中央公論新社、2012年。

秦由美子『変わりゆくイギリスの大学』学文社、2001年。

秦由美子編『新時代を切り拓く大学評価──日本とイギリス』東信堂、2005年。

E・フレックスナー著、坂本辰朗他訳『大学論──アメリカ・イギリス・ドイツ』玉川大学出版部、2005年。

INFORMATION

ドイツの大学事情

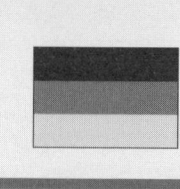

(1) 教育の特徴

ドイツの子どもには6歳から9年間の就学義務があり、中等教育以降は職業人向けと高等教育向けの学校に厳格に分けられている。大学進学を希望する場合はギムナジウムやシュタイナー学校や総合学校（義務教育から中等教育を一貫）などで、第12学年もしくは第13学年まで学び、大学進学に必要なアビトゥーア資格の取得を目指す。ドイツの大学はほぼすべて州立で、それぞれを16の連邦州が管轄している。ボローニャ宣言の採択により、ドイツの大学は変革時期を迎えている。

(2) 大学の種類と開設数

ドイツには約340の大学があり、1万2000以上の課程が提供されている。ドイツの大学は、一般的に3分類できる。第一に総合大学（109校）は学問に重点が置かれ、専攻は工科、医科、体育、政治、行政、経済、教育など広範に及ぶ。学生の大半は総合大学で学ぶ。第二の専門大学（192校）は、科学技術の進歩に合わせて将来の職業人の資質を高めるために、1960年代後半から1970年代前半にかけて連邦州によって設立された。総合大学と比較すると実学に重点が置かれている。そして第三には、造形美術、工業デザイン、モードデザイン、舞台美術などを学ぶ芸術系大学（55校）がある。学期制は夏学期（4～9月）と冬学期（10～3月）の2学期制である。

（出所：「ドイツ留学オンラインパンフレット」http://tokyo.daad.de/japanese/jp_sid_hochschularten.htm）

(3) 入試制度

大学進学に必要なアビトゥーアとは、ギムナジウム、シュタイナー学校、総合学校などを終了した後に大学に入学するために受ける国家試験で、一度合格すれば、終生有効である。基本的には、いつでも、どこの大学でも、どの学部にでも行くことが可能だが、人気の学部では定員制になっていて、アビトゥーアで何点取ったかが問われる。アビトゥーアは2回までしか受験で

第1章　各国の注目すべきビジネス教育　56

き、2回とも落ちたら、大学受験資格はなくなる。

(4) 学費

ドイツの大学は州立がほとんどである。州立大学では学費は基本的に納める必要はないが、州によって半年で500米ドルほどを徴収している大学もある。ただし、それも本人の住んでいる州以外の大学に入学する場合に限り適用される。親が税金を納めている同じ州の居住者は無料となる。

(5) 一般教養教育

一般教養課程は、ドイツでは高校ですでに終えており、大学は専門課程から始める。新入生の平均年齢は、専門大学が22・5歳、大学が21歳となっており、在学期間も比較的長く、平均卒業年齢は、専門大学生が28・5歳、大学生が28歳となっている。

（出所：労働政策研究・研修機構ホームページ http://www.jil.go.jp/foreign/labor_system/2006_12/german_01.htm）

参考文献

潮木守一『ドイツ大学への旅』リクルート出版部、1986年。

潮木守一『ドイツの大学―文化史的考察―』講談社、1992年。

大西健夫編『現代のドイツ(6) 大学と研究』三修社、1981年。

C・フュール著、天野正治他訳『ドイツの学校と大学』玉川大学出版部、1996年。

松元忠士『ドイツにおける学問の自由と大学自治』敬文堂、1998年。

INFORMATION

フランスの大学事情

(1) 教育の特徴

フランスには、いわゆる伝統的な大学、グランドゼコール、高等職業学校という3種類の高等教育制度が併存している。グランゼコールは、フランス革命時から19世紀のフランスにおいて、国民に対して効率的な管理職、幹部層を確保するために創設され、技術、商業、政治の分野においては、幹部層を養成することに成功してきた。その結果、グランドゼコールはフランス高等教育のなかでも特異な地位を占めている。グランゼコールの卒業生は、就職においても需要が高く、世界的な評価を得ている。2年間のリセ準備学級(または予備校)の後、厳しい選抜試験を経て3年制課程に入学するのが典型的な入学スタイルである。

学工学部220、経営大学100、公立の美術大学120、その他にも社会福祉・医学隣接分野や観光・スポーツなどの分野で高度に発達した高等教育研究機関がネットワークを構成している。グランゼコールは200校ほど存在し、官僚のみならず、高度な技術者や経営者など産業界を担う人材、芸術・文学・人文科学の専門家を養成している。ただし、グランゼコールには医学・法学・神学の分野が存在しない。学期は2学期制(9・10月〜1月、1・2月〜5・6月)が一般的である。

(出所：「フランス留学ガイドChoisir la France」http://ressources.campusfrance.org/guides_etab/guides/choisir/jp/choisir_jp.pdf)

(2) 大学の種類と開設数

総合大学83(すべて公立)、工学大学および総合大

(3) 入試制度

一部のいわゆるエリート大学やグランゼコールを除き、バカロレア(Baccalaureate：Bac)に合格すれば、各大学の定員などにもよるが、原則的に希望の大学に進学することができる。高校を卒業する18歳でバカロレアを受験し、合格すると大学入学資格を得る。2006年には、82・1%の受験者がバカロレアを取得し

第1章　各国の注目すべきビジネス教育　58

ている（フランス教育省）。

(4) **学費**

フランスはヨーロッパで最も学費の安い国の1つであり、学食、大学寮、住宅補助に加えて交通費や娯楽費の割引など、学生の生活条件は優遇されている。大学も含めて公教育がほぼ無償であるが、グランゼコールは国立であっても有償であり、学費も決して低くはない。国公立校：無料（ただし、別途登録料などで専攻により年165〜900ユーロが必要）、私立校は年約3000〜7000ユーロ、グランゼコールは年約4500〜7000ユーロとなっている。

（出所：日本学生支援機構ホームページ http://www.jasso.go.jp/study_a/oversea_info_15.html）

(5) **一般教養教育**

2006年以前のシステムでは、大学で2年教育を受けたものにはDEUGという一般教育課程修了証書が与えられた。

参考文献

大場淳『フランスの大学評価』広島大学高等教育研究開発センター、2009年。

佐藤清編『フランス―経済・社会・文化の諸相―』中央大学出版部、2010年。

フランス語教育振興協会編『フランス留学案内：大学留学』三修社、2005年。

宮脇陽三『フランス大学入学資格試験制度史』風間書房、1981年。

INFORMATION　フランスの大学事情

2012年 世界のMBAランキング（アメリカ／イギリス）

アメリカのMBA Top 10

国内Rank	世界Rank	Business School
1	1	Chicago, University of - Booth School of Business
2	2	Dartmouth College - Tuck School of Business
3	3	Virginia, University of - Darden Graduate School of Business Administration
4	4	Harvard Business School
5	5	Columbia Business School
6	6	California at Berkeley, University of - Haas School of Business
7	7	Massachusetts Institute of Technology - MIT Sloan School of Management
8	8	Stanford Graduate School of Business
9	11	New York University - Leonard N Stern School of Business
10	13	Pennsylvania, University of - Wharton School

イギリスのMBA Top 10

国内Rank	世界Rank	Business School
1	12	London Business School
2	25	Bath, University of - School of Management
3	30	City University - Cass Business School
4	37	Cranfield School of Management
5	42	Henley Business School
6	45	Cambridge, University of - Judge Business School
7	48	Oxford, University of - Saïd Business School
8	54	Strathclyde, University of - Business School
9	60	Warwick Business School
10	74	Durham Business School

注1：MBAは、Master of Business Administrationの略称です。日本でも2003年に修士論文を提出しなくても経営学修士（MBA）の取得できる専門職大学院制度が文部科学省によって新設されました。
注2：上記のランキングは、The Economist, Which MBA？2011-2012に依拠しています。
注3：イギリスのMBA Top 10のCranfield School of Managementについては、本書の第3章第2節を参照して下さい。

第2章
ファッション・ビジネス教育

(写真提供:モダール・インターナショナル学院)

モダール・インターナショナル学院

ファッション・デザイン科とファッション・マネジメント科からなる私立の高等教育機関です。マネジメント分野の教育を実施している点に特色があり、ファッション・マネジメント科にはテキスタイル産業・服飾産業におけるバイヤー、プロダクト・マネジャー、ストア・マネジャー等のキャリア養成プログラムがあります。フランス国内の提携企業は有名ブランド企業を中心に100社以上、分校も世界7カ国・8カ所に設置されています。

(写真提供:パリ商業高等大学)

パリ商業高等大学

パリ中心部に位置し、1963年に創設された、比較的新しい大学です。1人ひとりの能力を最大限に引き出し、商業・経営のプロとして、フランスの有名企業はもちろんのこと、世界の一流企業で活躍できる人材育成を目指しています。マネジメント・スクールはフランス全国で50校しかない「グランゼコール(高等教育機関)」に認定されております。

(写真提供:東華大学)

東華大学

上海市内と郊外の松江にキャンパスがあり、前身である中国紡織大学からの伝統を継承した、紡績・服飾デザインの分野において高い評価を得ている大学です。1999年には総合大学としても教育研究体制を整え、現在の校名に変更しました。また、国家重点大学の1つに指定され、服飾・芸術設計学院において、産学連携を重視したファッション・ビジネス教育を進めており、世界各国から多くの留学生を受け入れています。

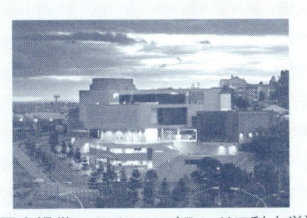

(写真提供:クイーンズランド工科大学)

クイーンズランド工科大学

1989年に創立され、ブリスベン市内にある美しい環境に囲まれた大学です。学生数は40,000人で、85カ国以上から5,000人を超える留学生が集まっています。"a university for a real world"を理念として掲げ、実践的教育で高い評価を得ています。特に就職率の高さでは、ここ数年オーストラリアでNo.1を誇っています。ユニークな学科も多く、レクリエーションやスポーツ活動も活発です。

ファッション業界とビジネス教育の最新事情
～モダール・インターナショナル学院からの発信～

(1) モダール・インターナショナル学院の紹介

ここでは、パリに拠点を置くモダール・インターナショナル学院（以下、モダールと略記）のパトリス・ドゥ・プラス校長が、ファッション業界の最新事情とファッション・ビジネス教育の重要性について語ってくれます。

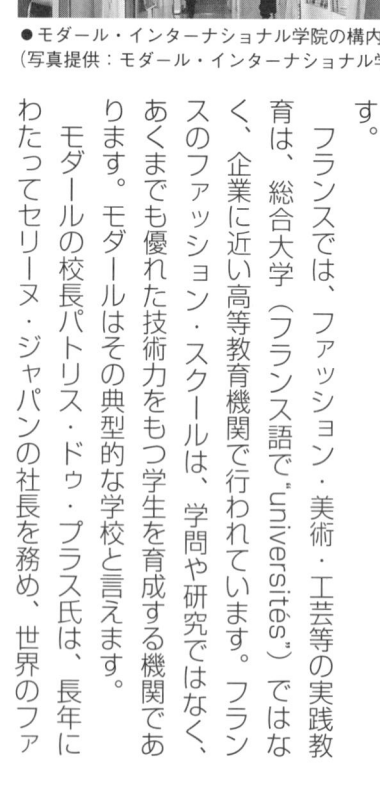

●モダール・インターナショナル学院の構内●
（写真提供：モダール・インターナショナル学院）

パトリス・ドゥ・プラス

フランスでは、ファッション・美術・工芸等の実践教育は、総合大学（フランス語で"universites"）ではなく、企業に近い高等教育機関で行われています。フランスのファッション・スクールは、学問や研究ではなく、あくまでも優れた技術力をもつ学生を育成する機関であります。モダールはその典型的な学校と言えます。

モダールの校長パトリス・ドゥ・プラス氏は、長年にわたってセリーヌ・ジャパンの社長を務め、世界のファ

第2章 ファッション・ビジネス教育　62

モダール・インターナショナル学院の世界の教育拠点（分校）

- Mod'Art Paris
- Mod'Art Budapest
- Mod'Art Belgrad
- Mod'Art Madrid
- Mod'Art Shanghai
- Mod'Art Delhi
- Mod'Art Mumbai
- Mod'Art Hô Chi Minh Ville
- Mod'Art Lima

（資料提供：モダール・インターナショナル学院）

ッション業界の第一線で活躍してきた経歴をもっております。同氏は、そうした経験を踏まえ、ファッション・ビジネスの重要性を強調して、モダールにおいても通常のファッション・デザイン科に加えて、ファッション・マネジメント科を開設しました。テキスタイル産業・服飾産業のキャリア向けプログラム、バイヤーからプロダクト・マネジメント、ストア・マネジャーまでのキャリア養成プログラムなど、実践的なビジネス教育のプログラムが用意されています。

さて、前置きはこのくらいにして、ここでドゥ・プラス校長に登場していただきます。

(2) モダールの豊かな国際性

モダールは、非常に国際色豊かな学校です。意識的に国際色豊かになりたいと考えております。現在、約800人の生徒がパリのモダールで学んでおりますが、その内45％はフランス人ではありません。今年は35カ国からさまざまな学生を受け入れております。さまざまな文化をもつ学生が世界中から集まっている。このことが非常に重要だと思っております。学校の廊下を歩いただけで35カ国の違う言葉が耳に入ってきます。

現在、モダールのフランス国内における提携企業は、有名ブラン

(写真提供：モダール・インターナショナル学院)

(3) ファッション・スクールの未来を考える ～5つの留意点～

ド企業を中心に100社以上に及んでおります。また、ファッション産業が世界的な広がりをもつのに対応して、モダールの教育拠点も、パリだけにとどまることなく、今日その分校はマドリッド、上海、リマ、デリー、ムンバイ、ベルグラード、ブタペスト、ホーチミンの世界8カ所に広がっています。

① ファッションを支える大勢の裏方

ファッションによって多くの人が夢見ることができます。ファッション・ショー。しかし現在では、それ以外の機会でも多くの人たちがファッションに接するようになってきています。たとえば美しいシャネルのファッションやメディアによって、世界中で露出があるからです。コミュニケーションやメディアによって、世界中で露出があるからです。テレビしかり、新聞しかり、ファッション雑誌しかり、そして、さまざまな報道もあります。あらゆる種類のファッション・デザインについて、あるいはファッション・ショーについて、さらにはデザイナー自身についても、さまざまなかたちで報じられるようになってきています。ファッションというのは、デザインとデザイナーの両方を含んでおり、それらによってブランドのイメージも、製品の売行きも大きく左右されます。

とは言え、この段階に至るまでには、その他にも大勢

の人が関わっているのです。皆さんの目に触れるのは、ファッション・デザインとデザイナーだけですが、ファッション会社では、じつは見えないところで大勢の裏方が働いているのです。皆さんの目から見ると、いったい何人の人がいるのかわからないと思いますが、ビジネスとして実現させるために、たくさんの人が、いわゆるファッション・マネジメントあるいはファッション・ビジネスに関わっているのです。

② **ファッション・ビジネス教育の国際的な連携**

ファッションはこれまでも国際的なものでした。20世紀初頭に、素晴らしいデザイナーでポール・ポワレという人がいました。非常に有名で、フランスだけでなく、ほかの国でも名を馳せたデザイナーです。しかしながら、彼を直に知る人は、テレビがない当時ですから、ごくわずかしかおりませんでした。しかし、いまではさまざまなコミュニケーション媒体を通じて、ファッションはあらゆるところに国際的に広がっています。そして、それをビジネスとして育て、振興していくのがファッション・ビジネスの役目です。

じつは、ファッション・ビジネスの教育は、非常に新しいものなのです。私たちは10年ほど前に、その草分け的存在であるイギリスの3つの大学を提携校としました。その1つがロンドン・カレッジ・オブ・ファッションで、留学生や教授陣の交流を行っております。イギリス的アプローチとフランス的アプローチが融合して素晴らしいカクテルができ上がっています。また、その他にウエストミンスター大学、ノッティンガム・トレント大学とも提携が進んでおります。このような提携によって、モダールの学生には大学卒業資格を取得できる機会も提供されています。

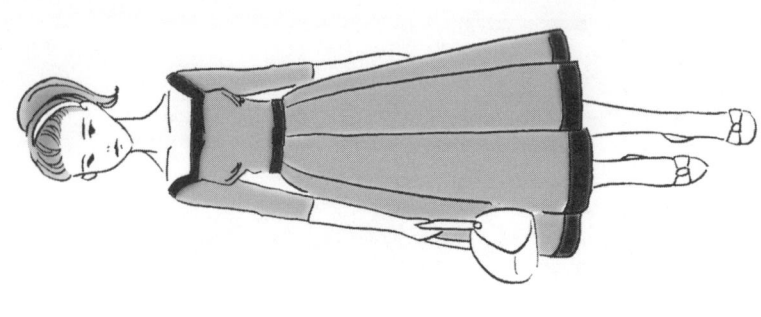

③ ファッション業界を支配者する巨大グループ

ファッション・ビジネスの分野でも国際ネットワークを構築することの重要性が急速に高まってきておりますが、ファッションの分野では、それとは別の一種の革命が起こっています。

1995年以降に、新しい立役者が登場してきました。非常に力強いグループがファッション業界に登場したのです。LVMH（モエ・ヘネシー・ルイ・ヴィトン）とグッチなどを傘下にもつPPR（ピノー・プランタン・ルドゥート）グループ、そしてリシュモン、この3つの企業はコングロマリットを形成し、多くの中小企業を買収しました。これが15年前のことです。

その結果、一大グループができ上がりました。マーケティングやビジネスツールなど、通常のビジネスのあらゆる手段を駆使して大きく成長してきたのです。おそらく、この3グループだけで、ヨーロッパのファッション・ビジネス全体の60％を占めていると思われます。いまはその是非は問いませんが、かつて中小企業のモザイク状態であったファッション業界がこのような状態にあることだけは記憶しておいて下さい。

④ ファストファッション

さて、もう1つ別の新しい立役者も出てきました。いわゆるファストファッションに進出して急成長を遂げた企業があります。その1つが、インディテックスです。ザラと言ったほうがおわかりでしょうか。ザラというのは、インディテックス社の1つのブランドです。インディテックスというのは、オルテガ氏が25年前に設立した会社です。当時は非常

第2章　ファッション・ビジネス教育　66

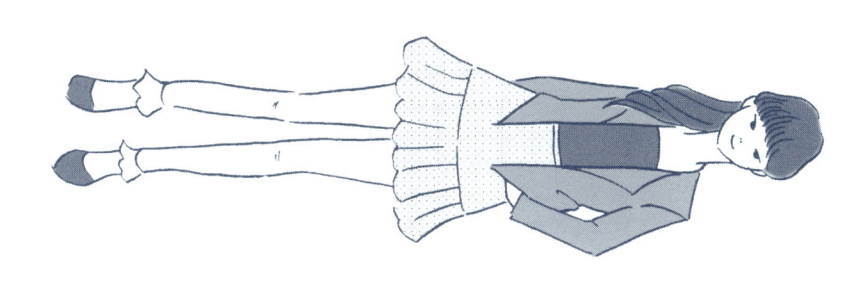

に小さなスペイン北部の紳士服会社でしたが、いまやオルテガ氏はスペインでも屈指の富裕な企業家となっており、インディテックスはファストファッションの最大手の1つに数えられています。

2つ目がマンゴ。こちらもスペインの会社です。2人のユーゴスラビア人の手によって15年前に設立されました。ユーゴスラビアを逃れてバルセロナに行き、そこで自身で起業したのです。この会社が巨大企業へと急成長した。それがマンゴです。

3つ目がH&M。こちらもスペインです。これも15年ほど前に設立されましたが、いまは強力なファストファッション界の大企業となっております。

もちろん日本ではユニクロです。素晴らしいビジネスを世界中で展開しております。パリにも大きなユニクロ店があります。2009年にオペラ座の前に「パリオペラ店」が開設されています。

⑤ 新たな市場の誕生

ファッション業界では、さらにもう1つの新しい動きがあります。それは新規市場の登場です。ブラジル、中国、インド、ロシア、以上の4つの市場です。つい10年前にはインドを有望な市場として捉えている人がどれだけいたでしょうか。ロシアを重要市場と考える人がいたでしょうか？ 中国のいまの市場規模を誰が

●試作品と学生たち●
（写真提供：モダール・インターナショナル学院）

第1節　ファッション業界とビジネス教育の最新事情

(4) ファッション・ビジネス教育の目指すもの ～6つの課題～

① 国際ネットワークの構築

以上にお話しした留意点を踏まえて、私たちは責任をもってファッション・スクールに関わっていかなければなりません。特に若い人たちに対して、責任をもって、国際的なネットワークをファッション教育のなかで構築していく必要があります。

では、どうやって？　第1に、多くの外国人留学生を引きつけなければなりません。これは大前提です。フランスの学校で多くの外国人留学生しかいなくても、おそらくフランス市場だけでならやっていけるでしょう。しかし、一歩外国に出たらフランスのことを誰も知らないという事態だって起こり得ます。だからこそ外国人学生の重要性を訴えたいのです。

パリに来てファッションについて学び、フレンチ・ファッションについて語りたいという人がたくさんいるわけですから、多くの留学生を引きつけることは、非常に重要な意味を

想像し得たでしょうか？

こういった市場がこれほど重要になるとは誰も想像していなかったのですが、いまやなんと世界の人口の3分の1を、この4カ国が占めているのです。一部の中国人やインド人が、シャネル、グッチ、その他のブランド品を買いあさっているのは有名ですが、いまはそのことを言っているのではないのです。そうではなく、注目すべきはこれらの国の多くの人々が、いま購買力を身につけ、中流階級に育ちつつあるという事実です。ファッション業界にとっても、それらは確実に巨大市場になります。ファッションにとっても極めて重要な意味をもつようになるでしょう。

第2章　ファッション・ビジネス教育　68

●ファッション会社の幹部を目指す学生たち●
（写真提供：モダール・インターナショナル学院）

もっているわけです。

② 将来の幹部を育てる

世界にはファッション・シティがいくつもあります。ロンドン、ミラノ、ニューヨーク、パリ、そして東京がそれです。これらの都市は素晴らしい魅力をもっており、ファッションに関心をもつ世界中の若者が引きつけられる都市となっております。

また、その一方では新しい国々でも、いまファッションに目を開きつつあります。新しいファッションの立役者が生まれつつあります。新規企業が立ち上がり、新しい若手のデザイナーがさまざまな国で生まれつつあるのです。したがって、ここでもファッションの専門知識をもつ管理職あるいは幹部になれる人材を育てていかなくてはいけません。

ファッション業界全般でもっと幹部が必要です。どんなニーズがあるのか、どんな形でビジネスを行うべきか理解できる人材、あらゆるタイプの市場に精通した幹部が必要です。そして、そのためには自ら世界に飛び出していくことも必要なのです。

③ 公用語としての英語の必要性

LVMHグループによってつくられたものは、ほぼ90％が輸出されています。残りの10％だけがフランス市場で販売されているのです。つまり、ファッション・スクールは、このグローバル化のトレンドに乗らなければならないのです。いやでもグローバル化しなければならないのです。

④ 世界の多様性を学ぶ

さらにファッション・スクールは、国際的なプログラムを提供できなければいけません。たしかに、モダールはフランスにありますので、同校ではフランス語を使っておりますが、そしてフランス人というのは外国語をしゃべるのが嫌いな民族でありますが、あえて英語で教えるプログラムもつくりました。たくさんの外国人留学生がいるからです。グローバル化には、英語の授業の導入が不可欠ですが、できれば2カ国以上の外国語が操れると良いのではないかと思います。

いま、多くの人たちが2つの大手ファッショングループに雇われています。1つは、LVMHグループで、現在、世界中に539の子会社を有し、約8万3000人を雇用しています。もちろん、そこには日本人を雇用している子会社も含まれています。もう1つのグループであるPPRグループは、6万人の従業員を擁しております。したがって、この2グループだけで従業員は14万人ほどになりますから非常に大きいグループと言えます。

しかし、ビジネスをグローバルに展開するためには、多文化を理解する国際的なトレーニングを受ける必要があります。ファッション・スクールのような専門学校でも世界の多

（写真提供：モダール・インターナショナル学院）

第2章　ファッション・ビジネス教育　　70

●新しいトレンドを追うために奮闘する学生たち●
（写真提供：モダール・インターナショナル学院）

様性・多文化を学ぶことが不可欠です。その場合には、大きな国際的ネットワークを有する学校に行くことが重要です。ネットワークというものは、学校に限らずさまざまなところに存在しますが、世界の文化の多様性を理解するためには、国際的なネットワークと人のつながりが大きな意味をもってきます。

⑤ 新しいトレンドを捉える

もう1つ重要な点があります。過去10年の間に、ファッション業界のキャリアは大きく増えてきましたが、そのキャリア自体がいま変化を遂げているのです。今日の企業が求めているものは、10年前に求めていたものと同じではありません。どのように変わったのか。この点を理解することが非常に重要です。

商取引のやり方は変わってきておりますが、それは、主要なラグジュアリー会社が急成長を遂げ、クリエーションが国際化して、ファッション・ビジネスが広がり、そして新しい市場が開けてきたこと、これらが主な理由かと思います。つまり、学校で椅子に座って、それだけで毎日学べると思ってはダメだということです。新しいことが次々に起こり、新しい製品、新しいデザイン、新しい市場、とにかく新しいものが次々と生まれているからです。私たちはファッション・スクールの責任者として、やはりこのトレンドを追っていかなければなりません。素早く対応することが重要です。

第1節　ファッション業界とビジネス教育の最新事情

⑥「創造の架け橋」ファッション・マネジメント

イギリスやフランスのように大勢のデザイナーが存在する国以外では、デザイナーとして職を見つけることも難しくないかもしれません。しかし、いまここで強調したいのは、ファッション・マネジメントに特化した教育プログラムの必要性です。生産工程を管理するマネジャーは、イギリスやフランスも含め、どこの国でも大変重要です。にもかかわらず、ファッション・マネジメント関連の職業はいまだに確立されていないのです。

> モダール・インターナショナル学院のパンフレットの抜粋

(資料提供：モダール・インターナショナル学院)

第2章　ファッション・ビジネス教育

成功するファッションビジネス・プログラム
～パリ商業高等大学からの提言～

(1) パリ商業高等大学（ISC）について

パリはモンマルトル地区にあるパリ商業高等大学（Institut Superieur du Commerce PARIS：ISC）は、1963年に創設された比較的新しい大学ですが、そのマネジメント・スクールはフランス全国で50校しかない高等教育機関であるグランゼコール（Grandes Écoles）に認定されており、さらにフランス高等教育機関への留学を促進する政府公認機関であるグランゼコール評議会のメンバーでもあります。

同大学のカリキュラムはマーケティング、マネジメント、ファイナンス、エコノミクスなど多彩な科目を明治大学商学部のカリキュラム体系と同様にバランス良く配置しています。国際交流事業も積極的に展開しており、世界中45カ国の120校以上の大学と提携関係を結び、世界中

●ISCの校舎●　（写真提供：パリ商業高等大学）

ガシューシャ・クレッツ

パリ商業高等大学のラグジュアリ・マーケティング入門の夏期プログラム（2012年9月2～15日）

Date	Morning	Afternoon
Sunday 2	到着：シャルルドゴール空港　出迎え	
Monday 3	09：00：歓迎朝食会 09：30～12：30：（講義）ラグジュアリー入門　Michel Chevalier	14：30～16：30：セーヌ河畔遊覧
Tuesday 4	09：30～12：30：（講義）ラグジュアリートラベル　Michel Goetschmann	13：30～16：30：（講義）ラグジュアリー製品管理　Michel Chevalier
Wednesday 5	09：30～12：30：（講義）ラグジュアリートラベル　Michel Goetschmann	13：30～16：30：宮殿観光　Michel Goetschmann
Thursday 6	09：30～12：30：フランスモード学院訪問　Annette Bonnet-Devred	13：30～16：30：ガリエラ美術館、バレンシアガ、レイ・カワクボ訪問　Annette Bonnet-Devred
Friday 7	09：30～12：30：（講義）ラグジュアリーとヴェルサイユ　Annette Bonnet-Devred	13：30～16：30：（講義）異文化経営　Morene Ach
Saturday 8	09：00：サンミッシェル駅出発 ヴェルサイユ宮殿：フランス観光の中心的存在である宮廷の生活様式を体験し理解する	
Sunday 9	終日自由時間	
Monday 10	09：30～12：30：（講義）ラグジュアリー製品の国際広告　Isabelle Lazarus	15：30～19：30：（講義）ワイン産業について（ワイン試飲）　Guillaume Puzo
Tuesday 11	09：30～12：30：（講義）ラグジュアリー製品の国際広告　Isabelle Lazarus	13：30～16：30：（講義）ラグジュアリー製品の新たな価値　Annette Bonnet-Devred
Wednesday 12	09：30～12：30：（講義）ラグジュアリー製品の模造品　Catherine Girard	13：30～16：30：バカラ社訪問　Catherine Girard
Thursday 13	09：30～12：30：モンマルトルあるいはオルセー美術館訪問（ガイド付き）	13：30～16：30：（講義）製品ブランド　Morene Ach
Friday 14	09：30～12：30：（講義）オートクチュールの歴史　Barbara Cohen	14：00～17：00：フォーブルサントノーレ通り探索（ガイド付き）　Barbara Cohen
Saturday 15	出発：シャルルドゴール空港	

から留学生を集めています。また120以上もの英語による専門科目が設置されているため、海外からの留学生にとって極めて学習しやすいプログラムを設けています。ところで同大学は、2010年からラグジュアリー・マーケティング入門の夏期プログラムを開始しましたが、2012年には明治大学商学部の学生もはじめてこのプログラムに参加し、パリを中心とするファッション産業やラグジュアリー産業の実態およびそのマネジメントに関する科目を受講して、非常に大きな成果をあげました。

第2章　ファッション・ビジネス教育

(2) はじめに

　ビジネスの観点からファッションを教育することは簡単ではありません。というのも教員は経営と創造性という全く異なる2つの領域を融合しなければならないからです。大きな成果と収益性、さらには創造性や革新性が求められる市場において、どのような教育プログラムがファッション・マネジャーをうまく育て上げることができるのでしょうか。

　まず、学生や人材派遣会社での人気ランキングにもとづいて、最も成功しているフランスのファッションビジネス・プログラムを概観します。そして、これらプログラムの成功の鍵となる要因と最善の実践法に焦点を当てて、ファッション・ビジネス教育の世界的発展に向けた道筋を提言します。

　次に多くの場合、学生だけではなくファッションビジネス・プログラムのマネジャーまでもがファッションとラグジュアリーあるいはラグジュアリー・ファッションとを混同しているという事実を示します。そして、ファッションビジネス・プログラムの成功要因と最善の実践法を詳細に述べ、最後に新たなファッションビジネス・プログラムづくりに着手しようとする学校が、国際的なネットワークを展開する際に重要

(3) ファッション教育、ラグジュアリー教育、ファッション・ビジネス教育

となるポイントを提示します。

一般に学校では戦略的に考え、ファッション創造の苦しみに耐えて、国際的な仕事で実践的活動ができる学生を育てることで、まさにファッション業界に適した有能なマネジャーを生み出すことができます。学校がその目的を達成するには、国際的ネットワークのなかでファッション関連の優れた教育内容を開発する必要があります。特に、ファッションビジネス・プログラムは、①指導方法と指導者をうまく組み合わせること、②プログラムの適合性を検討すること、③プログラムの信頼性を構築すること、そして④プログラム関係者の輪を広げること、に焦点を当てなければなりません。

ファッションとラグジュアリーとは、しばしば意味的に混同して用いられており両者の関係は曖昧です。19世紀末になるまで西洋諸国では、ファッションはラグジュアリーの分野に属していたからです。事実、たくさんの衣装をもつことができる人々は裕福な人々に限られていました。20世紀になりファッション・ブランドは、主に大量生産が原因でラグジュアリーという分野には当てはまらなくなりました。当時、多くのラグジュアリー・ブランドがファッション・ブランドの方法を採用する一方で、多くのファッション・ブラン

ドは、ラグジュアリー・ブランドでの慣例を踏襲したことが両者の間の大きな混乱を招いたのです。

結果として、ファッション、特にファッション・ビジネス専門の教育プログラムは、そのカリキュラムにおいてラグジュアリーとファッションとを混同しがちになり、したがってファッション・ビジネス教育を分析し、ベンチマーキングするためには、ファッションの分野をラグジュアリーやラグジュアリー・ファッションの分野にまで拡張する必要があります。

そこでファッションだけでなく、ラグジュアリー・ビジネスを専門とするフランスのプログラム例を広く検討して、ファッションがビジネスの観点からこれまでどのように教育されてきたのかを明らかにします。

(4) フランスにおけるファッション・ビジネス教育の現状

過去20年間にわたって、フランスのファッション・ビジネス教育を築いてきたいくつかの要因があります。すなわち、学校の立地、学校の教育目的、指導方法、学位授与の水準、支援団体、ファッション企業やラグジュアリー企業（寄付講座、インターンシップ、ビジネス・ケースなど）、そして関連機関との連携、学校が生み出した知識や研究成果、卒業後の目標となる職種、そして講師陣の経歴などです。

これらの要因について詳細に議論し、フランスのファッションビジネス・プログラム市場において明らかとなった最善の方法を考えます。

第2節 成功するファッションビジネス・プログラム

(5) 学校の教育目的

学校の教育目的は、特定の職業や地位に向けて学生を指導する際の教育に関するノウハウやスキルに関連します。より正確に言えば、ファッションビジネス・プログラムを提供している学校は、①ビジネス・スクール、②大学、③ファッション・スクール、そして④アート・スクールという4つに分けられます。

ビジネス・スクールは、マーケティング、ファイナンス、戦略論、組織論、人的資源管理論、起業家精神論などを主にマネジメントの問題や領域に焦点を当てますが、歴史学、社会学および心理学などを教えることもあります。しかしながら、ほとんどのプログラムは、コスメやフレグランス、ホスピタリティ、あるいは食事やワインといったラグジュアリーに関連したテーマのうち、ラグジュアリー・ファッションやアクセサリーを一部に含めたラグジュアリー・マネジメントを専門としています。

経営系の大学は、ビジネス・スクールとほぼ同じようなプログラムを提供しています。

人文分野系の大学は、ファッション、テキスタイル、美学、および芸術に応用できる社会科学を中心としたプログラムを展開していますが、このような人文分野系の大学では、ファッショ

第2章　ファッション・ビジネス教育　78

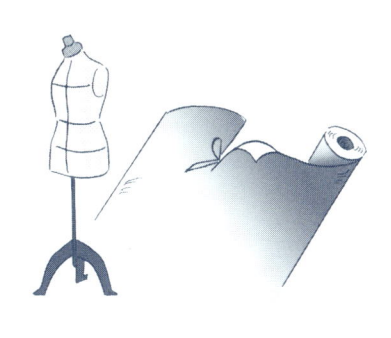

(6) 学校の立地

ファッション・ビジネスのプログラムやコースをもつ大多数の学校は、その立地に触れています。特にファッションの街として知られているパリにある学校はそうです。ファッションやデザイン創り、あるいはファッションショーやファッションビジネスなどが盛んな都市に近いということは、ファッションビジネス・プログラムの妥当性や信頼性を高めます。パリはまた、デパート、高級ブティック、博物館、ラグジュアリー専門の図書館など、ファッション・ビジネスを研究する場所として注目されています。

他方、パリに立地していない学校や大学でも、パリならではのプログラムがもつ妥当性や信頼性とは別のものを見つけることで成功できます。たとえば、リヨンで成功している

プログラムでは、上質の絹の街である同市から極上の素材がオートクチュール店に販売されています。このプログラムは高度な職人技との地理的な近さを利用して、信頼性と妥当性を高めているのです。

またラグジュアリー・ファッションなどのラグジュアリー専門のプログラムも結局ファッションの一部であるにせよ、研究および知識の創造を通して信頼性や妥当性を構築しようともしています。ファッションが盛んな場所から遠く離れた地域でのファッション・ビジネスに関する研究や知識の創造が、ファッションビジネス・プログラムの成功に寄与すると結論づけるのは時期尚早です。しかしながら、学校あるいは大学は、教育分野での研究論文、研究書、あるいは事例研究などを通して知識や研究成果を常時蓄積しており、それがビジネス・プログラムの妥当性や信頼性を高め、学生に魅力的なものとなっていることも事実です。

(7) 企業および公的機関との関係

学校が企業や公的機関との関係を築くことは、ビジネス・プログラムの質、意義、および成果を高めるのに効果的な方法であり、特に優れた実践的スキルや幅広いネットワーク

●夜のパリ● （出所：パリ商業高等大学パンフレット）

第2章　ファッション・ビジネス教育　　80

（注1）コルベール委員会は、高品質と創造力という理念にもとづき1954年に発足した組織で、フランスの70社以上の高級ブランドが加盟しています。若い才能の発掘に力を入れており、学生に仕事の実体験をさせたり、メンバー企業の経営者がISCなど高等教育機関で授業等を行っています。

とコネクションが求められるファッション・ビジネスにおいては重要です。ただ、ファッション業界で働きたいと願う多くの学生にとって、雇用の機会はそれほど多くはありません。

いくつかの有力な公的機関、たとえばコルベール委員会（Comit Colbert）は、学校やビジネス・プログラムを支援しています。具体的には、将来のファッション・ビジネスの専門家を育成するのに有益な講座を提案したり、ビジネス・プログラム・マネジャーをファッション業界の有力な人物に引き合わせたり、学校と企業とを仲介して将来の学生のために企業献金による助成金を集めたりしています。

企業、特にファッションおよびラグジュアリー企業は、教育上の関わりを通して学校および大学との関係を築きます。そのような関係は、ごく浅いものからより密接な提携関係にまで及びます。具体的には、ビデオなどの映像の利用、プレスリリース、新製品の情報あるいは企業ブランドの成功事例の活用、企業から派遣された社員によるワークショップ・セミナー・イベントあるいは就職説明会、教員や専門家によるビジネス・ゲームや事例研究、特定のテーマを教えるために企業から専門家を派遣することなどです。より密接な連携や提携関係では、学校が設置した冠講座を、ファッション企業やラグジュアリー企業が支援して上記の事項すべてを提供し、あわせて資金援助をして就職を斡旋するものがあります。

企業秘密の問題とプログラム展開の場所の問題は、他方でプログラム・マネジャーが考慮に入れなければならない要素です。成功しているファッションおよびラグジュアリー企業の多くは、内部機密を厳格に管理しており、彼らが提供するデータを自らが管理統制で

第2節　成功するファッションビジネス・プログラム

(8) 教授陣とその経歴

ビジネス・プログラムの成功の鍵は教授や講師陣ですが、ファッションは一般的なビジネス分野と比べて非常に特異な分野ですから、とりわけそれが重要となります。プログラムの内容を左右するだけに、プログラム・マネジャーは有力な教授や講師陣との密接な関係を保つ必要があります。しかし教育機関に対する認証制度のために、プログラム・マネジャーはそうしたことが容易にできません。

ファッションビジネス・プログラムにおいて、学生はファッション・ビジネスの世界に身を置いている講師陣を特に希望します。というのも彼らはファッションの仕事に直接使える最新の専門的な知識や方法を教えてくれるからです。また学生は、卒業後に関わり

きない場合、ビジネスや製品についての情報を提供したがりません。その結果として、企業はその提携関係を非常に限られた学校および大学としか結ばない傾向があります。それは限定的な冠講座を通して学校との関係をつくっている企業を見ればわかります。したがって、ファッション・ビジネス教育を行う学校間での競争（提携企業の奪い合い）が激しくなります。それに加えて、ファッションの専門家は非常に多忙であるので、ビジネス・プログラム展開の場所がとても重要です。つまり、成果を上げているファッションビジネス・プログラムは、まず地元企業あるいは地元の公的機関との密接な関係を築いています。さらに通勤や移動の時間を節約したいファッション業界の専門家は、自分たちが働いている街から遠く離れた学校にはめったに行きたがりません。特に、ファッション・ビジネスが最も盛んなパリにおいてはなおさらです。

(注2) EQUIS (European Quality Improvement System) はマネジメントに関する教育機関の品質改善等を評価する機関であるEFMD (European Foundation for Management Development) が認定する認証です。
(注3) AACSB (The Association to Advance Collegiate Schools of Business) は大学や大学院における教育の質やその改善を目的とするアメリカの国際的認証機関です。
(注4) AMBA (The Association of MBA) はビジネス・スクールの教育プログラムに関する世界的な評価機関です。

いと思うブランドや製品に精通した教授や講師陣に直接会ってみたいとも思っています。事実彼らは、まず好きなブランドや企業についての有益な情報をできるだけ多く知りたいと考えますが、これは来るべき企業面接やインターンシップ、そして職業選択の準備をするためです。また学生はこれら外部専門家からの助言を喜びますし、できるならば直接彼らとコンタクトを取りたいと思っています。したがって学生は、有名ブランドで働く専門家がプログラムに関わることを希望しますし、専門家は学生が実際の仕事を学んでキャリアを形成して人脈を広げる手助けをします。

多くのファッションビジネス・プログラムでは企業秘密の問題がありますので、かつて有名ブランドで働いた経験をもち、同時に企業の守秘義務の制約を受けていない専門家を採用しますが、これらの講師は報酬も高くなります。他方で、ファッションおよびラグジュアリーを専門としている学者や研究者もまたファッションビジネス・プログラムに有益な情報を提供しています。プログラム・マネジャーは、学者や研究者に高いレベルの理論的、概念的な知識を提供させる必要がありますが、逆に学生は経営上の実践的なプログラム内容を切望するので満足しないかもしれません。またファッションやラグジュアリーを専門とする著名な研究者はそう多くはなく、多忙でかつ報酬が高くなります。結局のところ、学校や大学は教育機関の認証機関（EQUIS、AACSB、AMBA）に従う必要があり、研究専門の教授陣と実務専門の教授陣とのバランスを保たなければなりません。このことはファッションビジネス・プログラム、特にビジネス・スクールが展開するプログラムに大きく影響します。と言うのも教授陣の半数は実務専門の教授にしなければなりませんが、学生はできるだけ多くの実務専門の教授を望むからです。

(9) 指導方法

学校のそれぞれの目的に応じて指導方法も違ってきます。フランスにおける職業指導の長い歴史があります。ファッション・スクールは、企業側の経験やインターンシップなどから実践応用の必要性が叫ばれていたにもかかわらず、長い間にわたって概念的で理論的なプログラムを提供してきました。したがって、学生がビジネスとファッション双方での実践的なアプローチにもとづく有益な指導を期待しているだけに、適切な外部専門家や講師陣を用意してプログラムを整備する必要があります。

ほとんどのファッション・スクールでは、外部専門家を見つけて、ビジネス教育や経営教育の妥当性を保つ必要がある一方で、ビジネス・スクールは、ファッションの歴史や人間科学の分野において、ファッション産業に有益な理論的かつ概念的な知識が提供できなければ同じような問題に直面するでしょう。

ファッション教育機関との関係を築く必要があります。大学もファッションの専門家や

(10) 研究と知識創造

学校や大学がランキング競争に加われば、一定の研究成果基準を含めた教育機関の認可制度における基準を満たさなければなりません。

研究や知識創造とは、特定のテーマで教育を行う学校や大学が適格であると判断できるような、あらゆる種類の研究や知識の創造です。一般的な経営コースを設置して同時にファッション・ビジネスを学生に教えようとする学校や大学は、認証評価やランキング競争

に向けて動きます。そうした競争になると、専任、兼任に関係なく教授陣は、ファッションに関する知識や研究成果を発表しなければなりません。その成果は、事例研究、専門書、あるいは研究論文などで発表されます。

(11) プログラムの参加者

プログラムが対象とする学生のレベルは、カリキュラムの組み方やその内容で決まります。ファッションビジネス・プログラムでは学部生、大卒者あるいは大学院生を募集します。一般的にファッションビジネス・プログラムは、修士レベルを対象とし、大卒あるいは修士レベルの志願者を選抜します。ほとんどのファッションビジネス・プログラムでは、大卒レベルを募集しています。したがって、学生のレベルと学歴は、既存のファッションビジネス・プログラムの内容や構成に大きく影響します。

修士レベルのファッションビジネス・プログラムでは通常、基本的な経営科目を履修済みの大卒者、あるいはビジネスや経営とは無関係の学歴をもつ大卒者を入学させます。ご くですが、ファッションとは全く異なるビジネス分野で卒業しながらファッション・ビジネスを専攻したい修士レベルも認められます。特にファッション分野ではありませんが実務経験のある学生もいます。これらのプログラムは、およそ9500ユーロから1万5000ユーロの学費が必要となります。

大卒レベルのプログラム内容は、MBAレベルもしくは、国家認定のファッション・ビジネス修了証書が与えられるレベルです。学生は、5年間の学部と大学院のカリキュラムで高得点のGPAを提示せねばなりません。彼らの学歴は、理系卒からビジネス系卒ある

(注5) MBA spécialiséは、修士の学位取得者がさらに専門分野について1年間在学して研究を修了した場合に認められる学位のことです。

いは、難関大学卒にまで及びます。志願者は評価の高い修了証書に見合うだけのファッション・ビジネスの実践的専門性を求めます。これらプログラムの費用は約1万ユーロから3万7000ユーロになります。

ほとんどのファッションビジネス・プログラムは英語で講義を行いますが、パリでのファッション・ビジネス教育の国際的な需要が大きいだけに、それは重要です。

⑿ 卒業証書のレベル

修士レベルのファッションビジネス・プログラムの卒業認定は、いくつかに分類されますが、修士 (Master of Science) の1年・2年課程、修士 (Master)、MBA (経営学修士)、MBA spécialisé(注5)などがあります。大卒レベルでは、MBAあるいは、国家認定のファッション・ビジネス修了証書が与えられます。

⒀ プログラム終了後の進路

ファッションビジネス・プログラムを詳細に検討しますと、学生はほとんどがファッションおよびラグジュアリーのマーケティングの教育を受けています。したがって彼らが目指す職種は、製品およびブランドマネジャー、プロモーター、バイヤー、ファッションショーのマネジャー、コンサルタント、あるいは起業家などです。何人かの学生は、ジャーナリズムなどに進むかもしれません。

第2章　ファッション・ビジネス教育　　86

⑭ まとめと提言

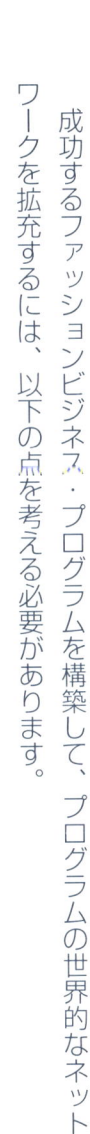

成功するファッションビジネス・プログラムを構築して、プログラムの世界的なネットワークを拡充するには、以下の点を考える必要があります。

① 指導方法と指導者とをうまく組み合わせる

ファッション・ビジネスの教育法は、学校の目的に応じて決まりますが、そのアプローチには偏りがみられます。ビジネス・スクールは経営に焦点を当てますが、創造性という課題に直面するかもしれません。ファッション・スクールは、創造性に焦点を当てますが、収益性の問題を度外視するかもしれません。大学は、文化的な知識を学生にうまく教えることができますが、創造性や経営の問題にはあまり力を入れません。したがって次のように、個々の教育方法を組み合わせる必要があります。

・たとえば、ラグジュアリー・ビジネスを専門とするISC PARISとMod'Artとが共同プログラムを開発すること。
・多様な経歴をもつ講師陣の幅広いネットワークが必要なので非常に困難ではありますが、経営や人文科学などさまざまな経歴をもつ教授陣を採用すること。

●下からみたエッフェル塔●
（出所：パリ商業高等大学パンフレット）

87　第2節　成功するファッションビジネス・プログラム

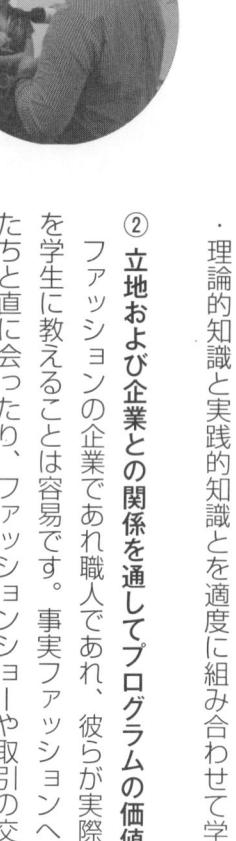

・理論的知識と実践的知識とを適度に組み合わせて学生に提供すること。

② 立地および企業との関係を通してプログラムの価値を高める

ファッションの企業であれ職人であれ、彼らが実際に活動している場所でファッションを学生に教えることは容易です。事実ファッションへの理解や知識は、その業界で働く人たちと直に会ったり、ファッションショーや取引の交渉、あるいは店舗販売などを経験することが重要です。特に、ファッションおよびラグジュアリー企業との関係を築いて情報や経験談を得ることは、プログラムの信頼性や適切性を大きく高めます。また、立地条件に恵まれず、企業との関係が限られている場合には、学校間で単位互換制度などを立ち上げて対応することもできます。たとえば、ある学校がファッション・ビジネスの盛んな場所にありファッション企業との関係もある場合、その提携校は市場における消費者や文化に関する知識を提供することができます。

③ 研究成果や教育機関に対する認証制度を通してプログラムの信頼性を高める

ファッション産業に関する研究や知的成果は、プログラムがもつファッション・ビジネス教育の妥当性を高めますし、したがってプログラムの信頼性を高めます。また国際的な認証制度で認可されれば、それに見合うだけの内容がプログラムに求められますし、優れた教育を行う学校としての名声を得ることができます。認証評価制度によって教育の質を保証していますので、学校は教育内容と研究成果に関する評価機関が定めた基準を満たす必要があります。

第2章　ファッション・ビジネス教育　88

④ 異なる文化や背景をもった英語を話す学生の募集によりプログラムのネットワークを拡大

ファッションビジネス・プログラムを通して、創造性を高めて知識共有を促すには、世界各地から学生を募る必要があります。したがってプログラムのマネジャーは、プログラムの対象範囲をさまざまな文化的背景や学歴あるいは英語レベルをもった学生へと広げるべきです。

つまり、(1) ファッションセンスや知識レベルの異なる多様な国から、(2) さまざまな文化背景を持ち、(3) 多様な学歴をもった、(4) ファッション業界の国際言語である英語を話せる学生たち、を求めるべきです。

こうした異なった学歴や経歴の学生をまとめることで、プログラムのネットワークが格段に広がってゆきます。

以上、フランスの市場分析にもとづいて、ファッションビジネス・プログラムの重要な成功要因を提示し、ネットワークを拡大してファッション・ビジネスの学校間交流を促進する方法を例示して、ネットワークと学校間での交流拡大の必要性を述べました。

ファッションビジネス・プログラムの骨子

"Central" (successful) programs build on existing assets

- ❖ Original mission: educational know-how and skills, specialization, training methods
- ❖ Location
- ❖ Associate (permanent) faculty
- ❖ In-house research and knowledge production
- ❖ Audience in the same field at the undergraduate and/or graduate levels (inbreeding)
- ❖ International recognition through accreditations

(資料提供：パリ商業高等大学)

3 ファッション・ビジネス分野の産官学共同研究
～東華大学の場合～

(1) 東華大学の紹介

上海の東華大学は、その前身である中国紡績大学（1988年に中国繊維大学に改名）からの伝統を継承しており、今日でも紡績・服飾デザインの分野では世界的に高い評価を得ています。1999年には総合大学としての教育研究体制を整え、校名も現在のように変更しました。東華大学は国家重点大学の1つに指定され、服装・芸術設計学院においてファッション・ビジネス教育が進められています。

本節でお話いただく楊以雄先生は、服装・芸術設計学院で「ファッション・マーケティング」や「アパレル産業の国際貿易」などの講義を担当されています。本節では、楊先生の研究あるいは教育のなかから4つの事例を紹介していただきますが、まずはここで、その概要を説明しておきます。

1つ目の事例は、フランスのメーカーが中国の市場で現地化をするにあたってサプライチェーンをいかに効率化するか。いわゆる物流でいうボトルネックを解消して、製品の開発サイクル、生産流通サイクルをいかに短縮したかという事例です。

楊 以雄

第2章　ファッション・ビジネス教育　90

料金受取人払郵便

神田支店
承　認
8188

差出有効期間
平成26年8月
31日まで

郵 便 は が き

| 1 | 0 | 1 | 8 | 7 | 9 | 6 |

5 1 1

（受取人）
東京都千代田区
　神田神保町1-41

同文舘出版株式会社
愛読者係行

毎度ご愛読をいただき厚く御礼申し上げます。お客様より収集させていただいた個人情報は、出版企画の参考にさせていただきます。厳重に管理し、お客様の承諾を得た範囲を超えて使用いたしません。

図書目録希望　　有　　　　無

フリガナ		性　別	年　齢
お名前		男・女	才
ご住所	〒 TEL　　（　　）　　　　Eメール		
ご職業	1.会社員　2.団体職員　3.公務員　4.自営　5.自由業　6.教師　7.学生 8.主婦　9.その他（　　　　）		
勤務先 分　類	1.建設　2.製造　3.小売　4.銀行・各種金融　5.証券　6.保険　7.不動産　8.運輸・倉庫 9.情報・通信　10.サービス　11.官公庁　12.農林水産　13.その他（		
職　種	1.労務　2.人事　3.庶務　4.秘書　5.経理　6.調査　7.企画　8.技術 9.生産管理　10.製造　11.宣伝　12.営業販売　13.その他（		

愛読者カード

書名

- ◆ お買上げいただいた日　　　　年　　月　　日頃
- ◆ お買上げいただいた書店名　　(　　　　　　　　　　　　　　)
- ◆ よく読まれる新聞・雑誌　　　(　　　　　　　　　　　　　　)
- ◆ 本書をなにでお知りになりましたか。
1. 新聞・雑誌の広告・書評で　(紙・誌名　　　　　　　　　　　)
2. 書店で見て　3. 会社・学校のテキスト　4. 人のすすめで
5. 図書目録を見て　6. その他 (　　　　　　　　　　　　　　)

- ◆ 本書に対するご意見

- ◆ ご感想

●内容	良い	普通	不満	その他(　　　　)
●価格	安い	普通	高い	その他(　　　　)
●装丁	良い	普通	悪い	その他(　　　　)

- ◆ どんなテーマの出版をご希望ですか

<書籍のご注文について>

直接小社にご注文の方はお電話にてお申し込みください。 宅急便の代金着払いにて発送いたします。書籍代金が、税込 1,500 円以上の場合は書籍代と送料 210 円、税込 1,500 円未満の場合はさらに手数料 300 円をあわせて商品到着時に宅配業者へお支払いください。

司文舘出版　営業部　TEL：03-3294-1801

(2) はじめに

まず、今回紹介する事例の話の前に、中国におけるアパレル産業の現状など、各事例の前提について説明したいと思います。

どう生かしているかの紹介です。そして最後は、それまでは下請けの縫製工場であった会社が、ASPOPという独自ブランドを立ち上げて、商品のデザイン、製造、流通、それから百貨店などの独自の販売ネットワークを構築するという、ファッション・ビジネスすべての分野にわたる包括的な事例の紹介です。

2つ目は、新しいビジネスモデルとして、ファストファッションというビジネスモデルに関する中国市場での新しい仕組みづくりについての事例です。

3つ目は、さまざまな事例を教育のなかで

● 東華大学の入口 ●
（写真提供：東華大学）

● 東華大学の学生による試作品 ●
（写真提供：東華大学）

① 市場環境の変化

今日、中国のアパレル産業の市場は、原材料や労働コストの上昇、さらには人民元高な

第3節　ファッション・ビジネス分野の産官学共同研究

COLUMN　中国のアパレル業界

　中国のアパレル業界は、従来のような低コストでの生産による先進諸国への製品供給から、中国国内の消費者向けのブランド開発と店舗出店に、大きく転換しつつあります。その形態は、中国企業によるファッションブランド展開のみならず、日系企業による中国独自ブランドの構築、日本企業による日本と同一ブランドの導入など多種多様です。

●中国企業が展開する高級ブランド「ICICLE」の上海縫製工場に併設された、ファクトリーアウトレット店舗●

●日系企業「AIIA」が開発した中国独自ブランド「ROUGE DIAMANT」の、本社ショールーム●

●中国でも急成長する日本の代表的ＳＰＡ「クロスカンパニー」が、上海で展開する「earth music&ecology」●

第2章　ファッション・ビジネス教育

どの影響によって、競争が激しくなっています。国内市場の急速な発展と海外市場の縮小により、中国のアパレル産業には、再編と質の向上を通して、革新的な新規ブランドを生み出すことが求められているのです。

② 企業競争力の向上

企業の競争力に関して言えば、金融危機後のアパレル企業は、コスト上昇の圧力を緩和するために、効率的な生産を拡大させるとか、あるいは資本金回転率を上昇させることによって、いわゆるコア競争力を向上させていかなくてはいけません。そのような観点から、中国のアパレル企業はファッションに対する消費者の需要を満足させるために、製品開発サイクルを短縮して、ビジネスプロセスの最適化を図ることに努めています。

③ サプライチェーンの最適化

私たちの研究グループは、アパレル業界のQR（クイック・レスポンス）型サプライチェーンの構築とその最適化に関して研究しています。アパレル製品の開発およびサプライチェーン・システムの管理など、具体的な研究テーマはいくつもあります。以下では、その一部を4つの事例に即してお話します。

(3) 事例1：ファストファッション・ブランドのQRとサプライチェーンの最適化

じつは、この事例1で紹介させていただく、Etamは、もともとフランスのブランドです。フランスで1960年に創業されて50年の事業経験があります。しかし、フランス

Etamブランド認知度と購買率

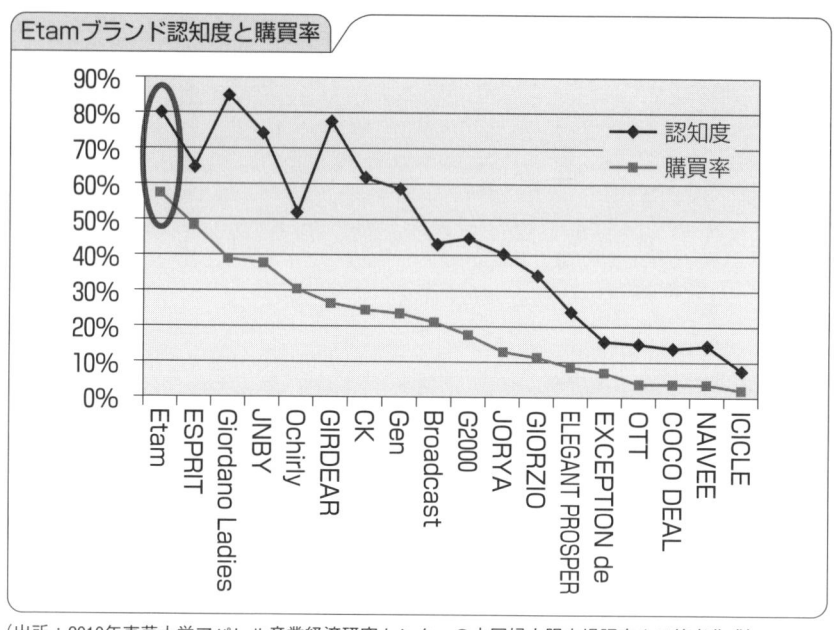

（出所：2010年東華大学アパレル産業経済研究センターの中国婦人服市場調査より筆者作成）

では中国とは異なりブラジャーを主力商品としています。1994年よりEtamブランドが中国市場に入り、デザイン、縫製、販売などのプロセスをすべて現地化しました。途中でトラブルもありましたが、現在、企業の運営は順調です。

いま中国のEtam社には6つのブランド（Etam、Weekend、ES、E-Lingerie、E-Homme、E-joy）があります。上の図は、東華大学のメンバーによる市場調査の結果です。目標消費者を調査した結果、Etamブランドは中国国内で認知度と購買率が比較的高いと見ています。

第2章　ファッション・ビジネス教育

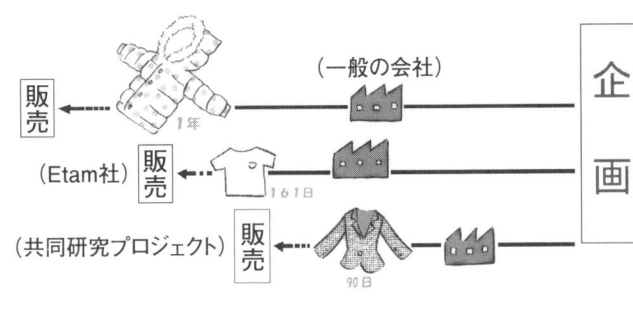

① Etam・東華大学QR共同研究プロジェクト

2010年の3月から7月までの間に、東華大学とEtam社は共同研究のプログラムを作成しました。テーマは、製品開発サイクルの短縮と最適化です。

Etam社の製品開発に要する時間は、これまで161日間でした。それを私たちの共同研究では90日間に短縮することを目標にしました。生産の仕方は、月バンドを季節に変換して、30％を推定生産、70％を追加生産という形にする。そして、在庫回転率を年間3回から4回に高めていきます。

現在、いくつかの研究が進んでいます。1つは、全体的なブランドの企画レベルを強化する。そして一部は並列のプロセスにする。さらに生地調達、アクセサリーの企画、製品割合、サプライヤーのコラボレーションなどのプロセスを改善していきます。アパレル製品開発についても作業プロセスの基準化・標準化に努めています。それと同時に、いくつかのプロセスに関する技術開発を行います。

一例をあげますと、一般の会社は、1年前に商品企画をし、半年前に展示会、そして季節に応じて製品を販売します。そうすると、じつは1年間かかります。Etam社の場合、企画から販売までの製品開発サイクルは161日間です。それを私たちの共同研究では90日間にする予定です。ファストファッションの開発システムの現場は、このような状況にあります。

第3節　ファッション・ビジネス分野の産官学共同研究

製品開発サイクルの最適化

◆商品企画のプロセスとバンド（月）ごとに応じて、4つのMDモデル（通常のストーリーテーマ、QR、単一製品、追加製品）に分けられる。
◆4つのMDモデルは予算額の割合が異なって、この割合によって、重さに換算でき、以下の表に示すように、統合的な製品開発サイクルタイムになっている。

統合的な製品開発サイクルの計算

各ステージの目標	MDモード	通常のストーリーテーマ	QR ファブリック付き	QR ファブリックなし	単一製品	追加製品	統合的な製品開発サイクル（日）
ステージI	製品開発サイクル（日）	161	24	49	115	30	113
	割合	60%	15%	5%	20%		
ステージII	製品開発サイクル（日）	161	24	49	115	30	104
	割合	55%	17%	5%	23%		
ステージIII	製品開発サイクル（日）	130	24	49	115	30	87
	割合	55%	17%	5%	23%		

② **製品開発サイクル最適化の技術ロードマップ**

4つのタイプの製品（通常のストーリー［定番品］、QR製品、単一［売切り］製品、追加製品）があります。通常のストーリーは60%から55%に割合を減らします。そしてQR製品は15%から17%に増やします。単一製品は5%をそのまま残しています。追加生産を20%から23%に増やすというやり方で進んでいます。

ステージIは、このような4つのタイプによって113日になっています。そして104日、一番最後はうまくやれば87日間になります。

研究の結果は、ステージIを実行することによって、統合的な製品開発の期間（サイクル）は161日間から113日間に短縮されることになります。売上は2010年が41億人民元（日本円で約520億円）で、37%増、利益は2009年の7%が2010年には8%に上昇しています。在庫回転率は、年3回から4回に増加しています。

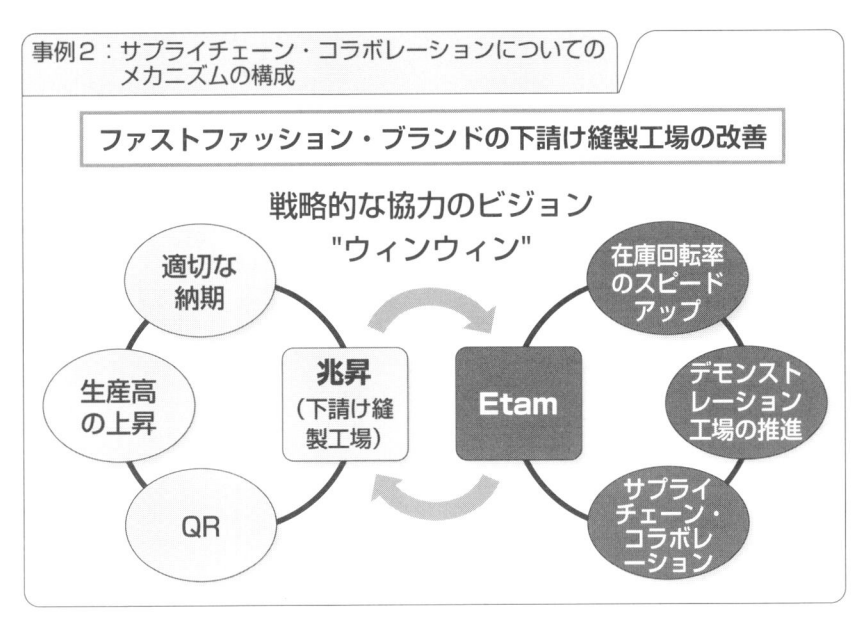

事例2：サプライチェーン・コラボレーションについてのメカニズムの構成

ファストファッション・ブランドの下請け縫製工場の改善

戦略的な協力のビジョン
"ウィンウィン"

適切な納期／生産高の上昇／QR ─ 兆昇（下請け縫製工場） ⇄ Etam ─ 在庫回転率のスピードアップ／デモンストレーション工場の推進／サプライチェーン・コラボレーション

（4）事例2：サプライチェーン・コラボレーションについてのメカニズムの構成

Etamには500社ぐらいのサプライヤーがあります。そのなかの1つの下請け縫製工場「兆昇」と一緒に、サプライチェーンのいろいろな改革をする事例であります。

東華大学の研究メンバーとEtamと「兆昇」が一緒に協力して、縫製工場のラインの改善に取り組みました。目標は、納品率を32％から85％に上げ、納期サイクルを10％から20％短縮し、そして生産高は10％以上高めるというものです。

次は、いくつかの改革案を実施したプロセスです。最初に納期によるスケジュールをつくって、次にバッファ（納期を守るために必要な時間的余裕）の時間を決めます。続いて在庫の管理、そしてバッファの状態により最適化のプロセスを管理します。もし納期が遅れた場合、商品の注文状況を分析し、問題を解決します。

その他に、多品種・少ロットでも継続的な改善を進めます。

その結果、次のような成果が得られました。すなわち、即納率は、当初は32％でしたが2カ月後は100％になりました。注文品の生産期間は、38日間から26日間に短縮しました。そして生産能力は、最初は1日1000着でしたが、その後1500着に上

昇しました。特に注目すべきは在庫量の変化で、最初は1万6000着であったものが、最後には8000着に半減しています。また、社員の給料も改善の前は日本円で月2万8750円でしたが、改善後は3万3750円にアップしています。

(5) 事例3：ビジネス・シミュレーションの実証実験

事例3は、企業と共同研究を進める学生を対象にして、ビジネス・シミュレーションの実証実験を行いました。レゴゲームの形で、ジーンズの生産フローのシミュレーション演習を開発して、学生はゲーム感覚で、生産の効果、裁縫の問題、営業の費用、さらには何を改善すべきか等に関して評価します。

下の図は、シミュレーション演習の

シミュレーション演習の作業手配と基本的なプロセス

完成した製品
監督者
検査 ← ボタンをクリック
切断 ← 受注
オーバーステッチ
縫う
洗濯/刺繍

ジーンズの注文。合計4種類の色。

注文

第2章　ファッション・ビジネス教育　98

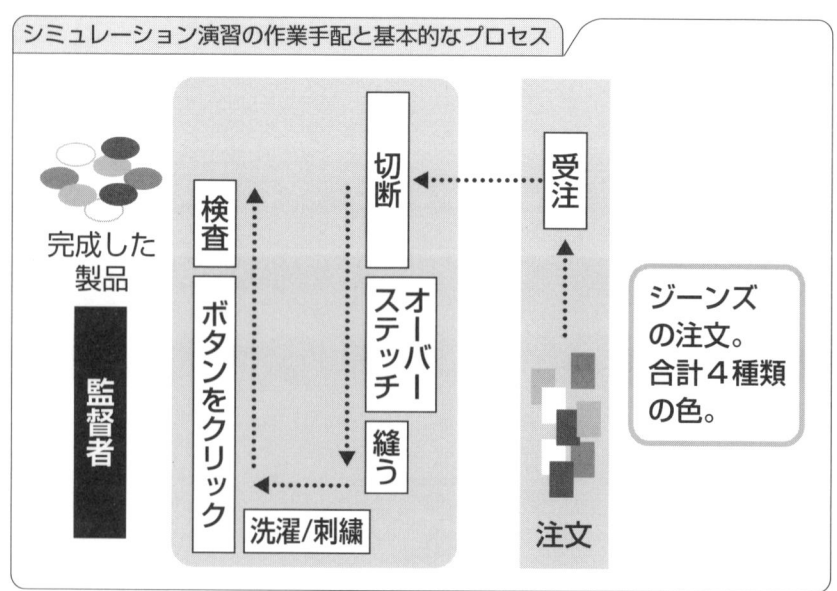

作業手配と基本的なプロセスです。4種類の製品について、コスト、販売価格、納品数、仕掛品、不良品数、在庫量、平均納期が評価指標となっており、シミュレーションの結果は、総生産量、売上げ金額、利益、納品率、不良率、粗利益、在庫量で判定されます。学生は3回ゲームを繰り返すことによって、次第に上達して正解に近づいています。こうして、学生は勉学欲望が、確実に高まっていきます。

(6) 事例4：OEMからODMへの婦人服ブランドの製品開発

中国にはいま特に生産下請けのメーカーがたくさんあって、一部の会社はOEM (Original Equipment Manufacturer) からODM (Original Design Manufacturer) を目指して、婦人服ブランドの製品開発をしています。ここで取り上げる会社「江辰服装」は、山東省でもともとジーンズ加工を行ってきた会社です。いま海外市場が不安定ですから、国内ブランドを開発するというやり方をとっています。現在、この「江辰服装」と山東省の地方政府と東華大学との産官学プロジェクトを実施しています。この三者の共同研究センターとして、東華大学・海思堡ファッションR&Dセンターを創設し、次のような3つのサブプロジェクトを行っております。

① サブプロジェクト1

第1のプログラムは、「ASPOP」婦人服ブランド製品の開発実施プログラムです。これに含まれる分析対象には、以下のようなものがあります。テキスタイルとアパレル産業の分析、国内販売環境の分析、国内および海外ブランドの分析、女性消費者の市場調査、

「ASPOP」製品開発プロセスの最適化、「ASPOP」サービスの品質管理、マーケット戦略、投資とリスクの分析、そして最後にブランドのマーケティング戦略と計画の実現可能性などです。

② **サブプロジェクト2**
第2のプログラムは、大学と企業の国際協力プログラムです。そこでの目的は、「ASPOP」ブランドの翌年秋冬コレクションの作品を開発することで、海外と国内のデザイナーを教官として招き、中日合同クラスの服装教育コースと連携しながら、「ASPOP」翌年秋冬作品の計画開発、デザイン、50セットの衣服づくり、ファッションショーなどを行います。

③ **サブプロジェクト3**
第3のプログラムは、伝統文化の要素を取り込んだイージーオーダー婦人服の開発計画です。この製品計画では、中国の伝統文化の要素を活かした製品を企画するのみならず、その比率、テーマ、販売目標などを具体的に決め、そしてさらに市場調査あるいはイージーオーダーのビジネスに関する技術的・経済的な報告の作成を課題としております。

(7) **まとめ**
このように、東華大学服装・芸術設計学院では、テキスタイル、デザインという従来の教育内容を土台として、中国経済や市場の発展に合わせたファッション産業の新しい位置

第2章　ファッション・ビジネス教育　100

サブプロジェクト3
伝統文化要素のイージーオーダー婦人服の開発計画

製品計画
- 中国伝統文化の要素を適用する新製品のデザイン開発
- プログラムの実行可能性を探す

ASPOPブランドのポジショニングと分析

中国伝統文化の要素使用の比率、テーマ、販売目標を決定する

マーケティング
- ハイエンドの女性のターゲット顧客の市場調査や消費者行動を研究する；
- 参入市場の選択と決定のアシスタント

主要な地区の比較と調査

イージーオーダー婦人服のブランドについてのビジネスへ技術的、経済的な報告を提供する

づけや方向性を目指して、ビジネスの領域を取り込んだファッション・ビジネス教育を展開しています。低コストの生産基地から経済発展を遂げた新しい中国市場を先取りした学生たちの育成に努めています。

●東華大学の学生たちと、楊教授はじめ東華大学、明治大学商学部の教授陣●

第3節　ファッション・ビジネス分野の産官学共同研究

4 ファッション・ビジネス教育と起業家精神の育成
～クイーンズランド工科大学の事例～

(1) クイーンズランド工科大学の概要

クイーンズランド工科大学は、オーストラリアの第三の都市であり、クイーンズランド州の州都でもあるブリスベン市の中心に存在します。クイーンズランド州の州都でもあるブリスベン市内には、ブリスベン川が流れ、公園や街路樹などの緑に囲まれ、まさに、水と緑の都です。

クイーンズランド工科大学のメインキャンパスであるガーデン・ポイント(Garden Point)はクイーンズランド州議会議事堂の隣にあり、官公庁や企業、商業施設が集中するビジネスセンター街にある一方、ブリスベン川に挟まれ、自然に囲まれた大学でもあります。学生数は4万人を超えており、100カ国以上から5000人以上の留学生が学んでおり、オーストラリア有数の大学です。"a university for the real world"(実社会への即戦力が身につく大学)を大学の理念として掲げ、実践的な教育・研究に高い評価を得ています。ボーイング、マイクロソフト、オラクル、世界銀行、世界保健機構のようなグローバル企業や国際機関との産学連携教育・研究が全学で幅広く展開されており、社会や学生のニーズに応じて、実践

ケイ・マクマホン

第2章 ファッション・ビジネス教育

●クイーンズランド工科大学ガーデンポイント・キャンパス●
(出所:クイーンズランド工科大学ホームページ)

的で多様な教育プログラムを設置しています。とりわけ就職率は、ここ数年、クイーンズランド州でナンバーワンを誇り、オーストラリア全体の大学と比べても極めて高いものとなっています。

また、留学生数も5000人を超えているように、さまざまな国や人種のバックグランドをもつ学生が行き交い、キャンパスに国際的情緒あふれる雰囲気を創り出しています。教育・研究においても海外の企業や教育機関とのさまざまな国際的なプロジェクトが設けられており、グローバル化を積極的に展開しています。

このように、クイーンズランド工科大学の特徴は、実践的な教育の提供にあります。ユニークで興味深い学部・学科も多く、先端的な教育の取り組みが盛んに行われています。本節では、そのなかでも創造的な教育活動に取り組むクリエイティブ産業学部ファッション・ビジネスコースの事例を取り上げ、先端的な教育活動について紹介します。そのなかでファッション・ビジネス教育のプログラムにフォーカスして、教育活動を通して学生に起業家精神を育成するプロセスを検討していきます。

(2) クイーンズランド工科大学の実践的な教育

クイーンズランド工科大学は法律から経営、科学技術から建築、医療、クリエイティブ産業など多岐にわたる10以上の学部から構成されています。そのなかで、クリエイティブ産業学部はアート、メディア、ファッションのような創造的な産業に関して、実践的かつ画期的な教育の取り組みが行われており、世界的に注目を集めています。

第4節 ファッション・ビジネス教育と起業家精神の育成

クリエイティブ産業学部では、アニメーション、ビジュアルアート、クリエイティブ・ライティング、ドラマ、ミュージック、メディア＆コミュニケーション、ダンス、ファッション、ジャーナリズム、エンターテイメント産業、メディア＆コミュニケーション、フィルム＆テレビジョン、デザイン製作のような13もの専門コースがあり、これらの内容を体系的に学ぶことができます。さらに、主専攻と副専攻に分けることで、それぞれのコースの内容を横断的に学習することができます。たとえば、ドラマや演劇専攻の学生がメディア・コミュニケーションやフィルム＆テレビジョンのコースを副専攻することにより、幅広い視野を得ることができるだけではなく、メディアを通して将来のキャリアを描きながらさまざまなスキルを身につけることができます。

この学部の特徴としてそれぞれの専門を追求する一方、これらの専門に関係するビジネスや産業の知識やビジネス文化を学ぶことも重視しています。このことは、"Transitions to New Professional Environment"（新しい職業環境への変化）プログラムの中で具体化されており、最終学年に、クイーンズランド工科大学が連携するクリエイティブ産業の企業やNPOでインターンシップを行ったり、海外にフィールドワークに取り組んだり、あるいは、学生が新規ビジネスを提案したり、起業するなどのプロジェクトもあります。実社会で活動するのに十分な実践力・即戦力を学生時代に養っていくのです。産業界の要請に応えたカリキュラムとなっているため、卒業生の就職率も高いことが示されています。

このような具体的な教育内容について、クリエイティブ産業学部のコースの1つであるファッション・コースの教育プログラムを取り上げながら検討していきます。クリエイティブ産業学部の教育的な取り組みは、社会での実践力の育成を重視しているため、産業界

からの要請を大きく反映したものになっています。このようなことから、ファッション教育について触れる前に、オーストラリアのファッション業界の現状から述べていきます。

(3) オーストラリアにおけるファッション産業の現状

オーストラリアでは、ファッションに関連する繊維・衣料・履物業をTCF (Textile, Clothing, Footwear) 産業と総称しています。このTCF産業は、近年、グローバル市場において激しい競争にさらされ、衰退の一途をたどってきました。このような状況に対応するために、TCF関連の企業は、生地調達、企画から製造までの最終工程まで一貫して行うよりも、製造などの工程は海外に委託し、アウトソーシングを進めながらも、企画・デザインや小売販売などの付加価値の高い業務に特化するような工程分業化が進んでいます。

ヒッグス (2008) によれば、オーストラリアでのファッションのデザイナー数は約2600人です。さらに、TCF産業の流通部門には、約2万7900人が従事し、その数は小売・販売部門を含めると約15万8600人にもなります。つまり、卸・小売部門の従事者数は、製造部門の約3倍であり、卸・小売部門の経済的付加価値は75億ドルと製造部門のものと比較すると2倍になります。また、1986年から2006年までにTCF産業における製造部門の従事者割合は、63・3％から43・5％へと急激に減少しているのに対して、デザイナーなどの専門職従事者は、2・7％から7％へ、管理や企画を行うマネジャーは7・7％から14％へとそれぞれ2倍以上も増加しています。このように、TCF産業の構造は製造から企画・開発や小売販売に重きを置いたものへと大きくシフトしている

のです。

また、オーストラリアのTCF産業の特徴として、多くの中小企業から構成されていることを指摘することができます。2005～2006年期では、従業員数100人以上の企業が、全体の4分の1程度を占める一方で、同数の4分の1が従業員数1～4人ほどの小企業もしくは自営から成り立っています（Commonwealth of Australia, 2008）。このように、ファッション業界では、多くの小規模な企業がグローバルな競争下に置かれながらも、デザインや製造だけではなく、マーケティングやファイナンスを適切に管理し、合理的な経営を行わなくてはならないのです。つまり、ファッションに従事する人々は、デザイン・スキルや製造ノウハウだけではなく、サプライヤーとの調整、顧客管理、マーケティングや会計のような幅広い技能・知識をもつことが求められているのです。まさに、起業家精神に則り、新たなビジネスや企画を創造し、市場を開拓していかなければ、現在のファッション産業では、生き残ることは難しいのです。

（4）ファッション・キャリアとスラッシュ・スラッシュ・ジェネレーション

ここでは、ファッションのキャリアと人材育成の問題について検討していきましょう。ファッション・デザイナーには、2つのタイプがあると言われています（Choi, 2003）。1つは、芸術家としてのデザイナーであり、もう1つはビジネスとしてのデザイナーです。芸術家タイプのデザイナーの中には、ビジネスの才能が苦手な人たちもいます。ファッション業界で成功するには、芸術的な才能とビジネスの才能の両方を身につけておく必要があります。ところで、現在の若者を表す言葉に、「スラッシュ・スラッシュ・ジェネレーション

(slash slash generation)というものがあります。これは、1つの興味や仕事に没頭するのではなく、さまざまな経験や仕事を多面的に行うなど、多彩な活動を指向する現在の若者のライフスタイル指向です。この考え方がファッションの仕事にもあてはまり、たとえば、自分でファッション・ブランドを立ち上げて運営しながら、ファッション・マガジンに執筆したり、イラストを描いたり、週末にはDJとして活躍したりするなど「あれもやりこれもやり」のような形でさまざまな活動に区別（スラッシュ）をつけながら、自分の多様な興味に応じて新しいことにどんどん挑もうとするのです。

さて、ファッション産業における職種として次のものがあります。

①自営のデザイナー　②クリエイティブ・ディレクター　③デザイナー兼商品開発者
④デザイン・アシスタント　⑤コスチューム・デザイナー
⑥製品マネジャーならびにアシスタント　⑦代理店と卸業者
⑧輸入業者　⑨ビジネスならびにマーケティング・マネジャー
⑩スタイリスト　⑪流行（トレンド）予測　⑫イラストレーター
⑬ファッション・ジャーナリスト兼ファッション・ブロガー
⑭自営の小売業者

ファッション産業において重要な課題は、これらの職種を同時に行う必要性です。スラッシュ・スラッシュ・ジェネレーションのさまざまな活動を同時に楽しむライフスタイルは、ファッション業界で成功するための条件と整合しているのです。先述したように、ファッション・ビジネスは小規模あるいは自営で行う場合が多いので

第4節　ファッション・ビジネス教育と起業家精神の育成

す。つまり、起業家精神のもとに自律的かつ積極的にビジネスを展開していく必要があります。これに関連して、興味深いデータがあります。18〜24歳までの若者の68％が、自分たちで起業したいという希望をもっているのです。このように、スラッシュ・スラッシュ・ジェネレーションのマルチタスクな活動と起業家精神を喚起することは、ファッション・ビジネスを行ううえで重要な課題であり、まさにファッション・ビジネス教育に求められていることなのです。

(5) クリエイティブ産業学部と経営学部とのダブルディグリー・プログラム

ファッション・ビジネスにおいて求められることは、多彩な知識・技能を身につけることです。クリエイティブ産業学部には、13ものコースが存在しますが、専門コースを中心とし、さらに副専攻としてさまざまなコースを横断的に選択することにより、クリエイティブ・ビジネスに関する多様な内容を学ぶことができます。

クイーンズランド工科大学の特質すべき教育の取り組みとして、経営学部とのダブルディグリー・プログラムが存在します。創造的なアイディアが市場において製品・サービスとして売り出されるためには、デザイナーがマネジメントや生産管理や技術などの内容について包括的に把握する必要があります。このような課題を背景にして、クリエイティブ産業学部では、経営学部との間で2つの学位が取得できるダブルディグリー・プログラムが設置されたのです。とりわけ、クイーンズランド工科大学はクリエイティブ系あるいはアート系とビジネス関係のダブルディグリーをオーストラリアの大学のなかで唯一取得できる機関となっています。なお、ファッション・ビジネスの学位とダブル・ディグリーの

概要は、次のとおりとなっています。

① (クリエイティブ産業学部) ファイン・アート・デザイン学士 (ファッション専攻)
・コース年限：3・4年
・主要科目構成
 - スタジオでのファッション・デザインとアパレル商品制作
 - ファッション理論
 - 自営業者／経営者となるための小規模ビジネスと起業家活動
 - サプライチェーンにおけるロジスティクスと生産管理に関する基礎理論
 - インターンシップ、職業体験、産学連携教育

② (経営学部) 経営学士
・コース年限：3年
・主要科目構成
 - ビジネス関連科目：会計、マーケティング論、広告論および経済学、経営学
 - 経営学部でもファッション・ビジネスについてのケース・スタディ、プロジェクトが提供されている研究の機会
 - インターンシップ

③ (クリエイティブ産業学部と経営学部) ファイン・アート・デザインならびに、

(出所：クイーンズランド工科大学ホームページ)

経営学のダブルディグリー（複数学位）
・コース年限：4年
・ファッション関連分野とビジネス関連分野の科目を包摂して取得

(6) 起業家教育法と学生による取り組み

① 概要

ダブルディグリー・プログラムにおいて、スタジオ内でのファッション・デザインを専攻する学生がビジネスについて学んだり、あるいは、逆に経営学部の学生がクリエイティブ・ビジネスを研究するために、このダブルディグリー・プログラムに参加しています。スタジオ内でファッション・デザインを行う学生に、サプライチェーンや起業家精神ならびに、マーケティングや会計、広告、財務などのビジネスに不可欠な知識を学んでもらいます。つまり、クイーンズランド工科大学では、ファッションやアニメーション、ビジュアルアーツなどを専攻する学生にビジネスを教え、彼らが将来、起業家として自立したビジネスを展開できるようになることを目指しているのです。

現在、オーストラリアのファッション産業に求められていることは、グローバル市場を視野におきながら、小規模ながらも起業家精神に富んだ新規ビジネスを展開することです。Gibb（2002）が指摘するよ

第2章　ファッション・ビジネス教育

うに、グローバリゼーションの進展に伴い、起業家精神に富んだビジネスを行うことが求められています。オーストラリアのファッション産業は、グローバルな視点をもつ小規模な「起業家」が担うミクロ・ビジネスとしての特徴をもっているのです。

このような状況において、起業家教育で重要な課題は、学生を主体においた実践を通した学習です。そこでは、実社会において課題を見出し、解決する能力や、不確かなデータにもとづいて市場動向を読み取る能力を養う必要があります。さらに、専門的かつ技術的な技能だけではなく、他者との調和性や自身を成長させたり、感情知性を高めることも求められます。このような能力を育成するための教育には、大学が、多様なステークホルダーを包摂しながら実践的教育のコミュニティを構築し、社会的な実践活動や本格的なビジネス活動を行うことが求められます。

② **学生による「フリート・ストア」の経営**

2010年、オーストラリアではじめてファッションと経営学のダブルディグリー課程の学生が卒業しました。そこで、ブリスベン・マーケティングやウィンターガーデン・ショッピング・センター、クリエイティブ・エンタープライズ・オーストラリアなどの産業界とクイーンズランド工科大学が産学連携しブリスベン市内のウィンターガーデン・ショッピングセンター内に学生が運営するファッション・ブティックである「フリート・ストア（"The fleet Store"）」という名の短期間展開型の店舗をオープンしました。これは、クイーンズランド工科大学が学生に起業家精神を習得させるため、実社会のなかで、起業家活動を体験させることを目的として開始したプロジェクトです。

10人のダブルディグリー課程の学生が、仕入れから、マーケティング、広告宣伝、人的資源管理、ビジュアル・マーチャンダイジング（VMD）、会計・財務、店舗レイアウトなどのすべてのマネジメント活動を行いました。そこでは、クイーンズランド工科大学が運営する産学連携機関であるクリエイティブ・エンタープライズ・オーストラリア（Creative Enterprise Australia：CEA）が初期費用や保険、法的責任をすべて引き受けています。さらに、CEAは、インキュベーターとして、戦略立案や製品開発を支援したり、学生のメンター（指導者）を派遣したりしました。ファッション・デザイナーは、自らビジネス・プランを立案し、サプライチーン・マネジメント、予算策定・配分、原価管理まですべてのマネジメント活動に取り組むことによって、現実の社会のなかで、学生がビジネスを主体的に展開していったのです。

ここでの重要な点は、産業界が学生の活動に高い関心を示しただけではなく、産業界が学生のビジネスのステークホルダーとして、積極的に関与・支援を行ったことです。ブリスベンの目抜き通りのクイーン・ストリートにあるウィンターガーデン・ショッピングセ

●学生による店舗
「フリート・ストア」●
（写真提供：クイーンズランド工科大学）

第2章　ファッション・ビジネス教育　　112

ンターは、センター内でフリート・ストアが運営されていることもあり、学生の経営活動に深くコミットしてきました。つまり、このようなステークホルダーが学生を社会的に支援し、学生の起業家精神を育成しようと支援を行ったのです。まさに、社会が学生を育てているのです。

このフリート・ストアの事業は、収益を上げることができただけではなく、学生が市場における製品の収益性を研究し、ビジネス・プランやモデルを立案する能力を涵養することにつながりました。さらに、ソーシャル・メディアに発信することにより、海外のクライアント獲得に成功したり、多くのメディアに取り上げられたりするなど、社会からも高い評価を得ることになりました。

③ 学生によるファッション雑誌『フロック・ペーパー・シザー』の発刊

『フロック・ペーパー・シザー（Frock Paper Scissors）』は、ファッション学科の選択科目として設置されている科目から派生したプロジェクトであり、このプロジェクトでは学生がファッション雑誌を制作することが主な活動となります。ファッション、ジャー

● 「フリート・ストア」の宣伝ポスター ●
（資料提供：クイーンズランド工科大学）

第4節 ファッション・ビジネス教育と起業家精神の育成

学生によるファッション雑誌『フローク・ペーパー・シザー』

●左・中央：雑誌、右：ネット媒体●（資料提供：クイーンズランド工科大学）

学生たちは、（雑誌に掲載する）広告営業を行うことで雑誌の制作費用を調達しながら、マネジメント、デザイン、創作、コスト管理からすべてのコンテンツ制作（写真撮影、イラストの編集、レイアウト、ウェブ・デザインなど）に取り組んでいます。つまり、学生自身が企画・編集だけではなく、雑誌発行資金の獲得までを行うのです。さらに、産業界からのメンターや大学スタッフからアドバイスなどの支援を仰ぐことができ、学生たちはマネジメントおよび、編集チームなどを分担しながら、それぞれプロジェクトを進めていきます。毎週実施されるミーティングは、各週の講義よりも多くなるほど開かれ、学生たちは、強いチームワークを築いていきました。すべての学生が、プロジェクトに対する「自覚」をもち、自らのファッションと美的感覚にもとづき、雑誌の発行に取り組んでいるのです。そこでは、従来のファッション・ビジネスには ない学生のアイディアによる斬新なファッションが生み出されています。学生独自のファッションを社会へ発信しているのです。

学生たちは、従来の座学教育では見ることのできない熱心さとエネルギーを『フローク・ペーパー・シザー』の制作に費やしていました。学生は、ビジネスやジャーナリズム、視覚芸術、グラフィック・デザイン、コミュニケーションなどクリエイティブ産業学部の各コースの学生が計120人ほど参加しました。現在までに、6冊発行し、クイーンズランド州全体へ雑誌5000部を配布し、同じ内容がウェブサイトでも公開されています。

⑺ 結論

現在、ファッション産業は大きな転換期にあり、オーストラリアの大学を卒業する学生には、多様なスキル、グローバルな視点、起業家精神、進取の精神をもっとことが求められています。このような状況において、大学には、クリエイティブなアイディアを生み出すことができる「起業家教育」が、いままさに求められているのです。

クイーンズランド工科大学の教育事例では、従来の大学教育の枠組みに囚われない先端的なビジネス教育活動が示されています。学生は、アパレルショップの運営を任されながら、ファッション・ビジネスのマーケティングや店舗運営について学んでいきます。また、学生主体でファッション雑誌を企画・編纂し、学生独自のファッションを市場へ発信することにより、社会に対して新たな価値を生み出しています。つまり、起業家精神を育成するうえで、ファッション・ビジネス教育は重要な役割を果たしているのです。

最後に、このような実践的な教育は、産業界および地域コミュニティにおけるさまざまなステークホルダーの関与があって成立することを認識する必要があります。つまり、産業やコミュニティにおける担い手として学生が成長していくよう、ステークホルダーが、どのようなことを学生が学んでいるのかについて高い関心をもっているのです。このように社会からの協力があってこそ、実践的な教育活動を行えるのであり、学生が社会で活躍

●クイーンズランド工科大学キャンパス●　(写真提供：クイーンズランド工科大学)

するのに必要な起業家精神を育成することができるのです。

参考文献

Bridgstock, R. and Thomas, A. (2010). Transcripts of focus groups with BFA (Fashion) and BFA (Fashion) /BBusiness third year students, *Personal communication*, 11 November, 2010.

Commonwealth of Australia (2008) *Building Innovative Capability – Review of the Australian Textile, Clothing and Footwear Industries*.

Choi,Y. (2003) "Understanding ICT Adoption from the SME User Centred Approach: Views from the Boutique Fashion SMEs & the Australian Government" *A paper for the Small Enterprise Association of Australia and New Zealand 16th Conference*.

Florida, R. (2002) *The Rise of the Creative Class: and how it's transforming work, leisure, community and everyday life*, New York.

Gibb, A. (2002) "In pursuit of a new 'enterprise' and 'entrepreneurship' paradigm for learning: creative destruction, new values, new ways of doing things and new combinations of knowledge" *International Journal of Management Reviews* Vol. 4 Issue 3, Oxford.

Higgs, P. (2007). *Employment in Fashion Related Occupations*, Centre of Excellence for Creative Industries and Innovation. https:wiki.cci.edu.au/display/CEMP/Employment+in+Fashion+Realted+Occupations.

Malem, W. (2006) "Fashion Designers as business: London" *Journal of Fashion Marketing and Management* Vol. 12 No. 3 pp. 398-414 Emerald Group Publishing.

Queensland University of Technology (2010) Learning Experience Survey for Fash-

Rae, D. (2010) Universities and enterprise education: responding to the challenges of the new era *Journal of Small Business and Enterprise Development* Vol. 17 No.4 Emerald Group Publishing.

Robertson, M. and Collins, A. (2003) "The video role model as an enterprise teaching aid" *Education & Training* Vol. 45 No. 6 Emerald Group Publishing.

Vaughan, S. and Schmidt, C. (2008) *Design and Fashion in the Australian TCF Industries*, commissioned study for the TCF Review.

Viewpoint – *Our Synthetic Future* # 22, 2008 Metropolitan Publishing BV.

Ward, A. (2004) *Enterprise skills and enterprise learning* Foresight Vol. 6 No. 2 Emerald Group Publishing.

Yamamoto, Y. (2005) *A Magazine curated by Yohji Yamamoto*, Flanders Fashion Institute, Antwerp.

INFORMATION

中国の大学事情

(1) 教育の特徴

1990年代に、中国では高等教育の急激な改革が行われた。それは主に学費の徴収による市場化と新入生定員の拡大による大衆化である。1994年から一部の重点大学で学費徴収をはじめ、1997年にはすべての大学での学費徴収によって、高等教育の拡大が経済的に可能になった。中国の高等教育は、大衆化が急速に進んでいる。その一方で、1979年より一人っ子政策が実施され、中国の親たちは、社会的な成功への道を歩ませようとこぞって子どもたちに高等教育を受けさせている。その結果、大学・大学院への進学者が急増し、北京大学や清華大学を頂点とする有名大学への進学を目指して、激しい受験戦争が巻き起こっている。

(2) 大学の種類と開設数・学期

中国では、一般的に総合大学を「大学」といい、専門性が強い大学を「学院」(たとえば、医学院、外国語学院など)という。大学院のことは、「研究生院」という。中央官庁管轄の大学(国立)は110校ほどであるのに対して、地方政府管轄の大学は1500校にも及ぶ。学院の数も1000校を超えている。さらに、それ以外にも1000校を超える専科学校(職業学院)が存在している。一般に2学期制を採用しており、1学期(秋学期)は9月初旬、2学期(春学期)は2月中旬に始まる。

(3) 入試制度

入学者は、毎年7月初旬の全国統一入試により選抜される。中国は学歴重視社会なので、受験競争が非常に厳しい。大学所在地周辺の住民に多くの定員が割り当てられるため、地方住民にとって北京や上海などの大学はかなりの難関である。大都市の大学を卒業し、大都市で就職することが、都市戸籍を手に入れる絶好のチャンスになっている。

第2章　ファッション・ビジネス教育

(4) 学費

国内の大学の在校生は、中国建国の1949年ではわずか11万人程度であったが、40年後の1989年に約39万人、さらに20年後の2009年には約1900万人と激増している。1997年にすべての大学で学費徴収を開始しており、学費は文系（本科・専科）で1万4000～2万6000人民元、理工農学系（本科・専科）で1万5400～3万3800人民元程度である。

(5) 一般教養教育

日本や欧米の大学に比べて、中国の大学は専門性が大変強く、日本でいう一般教養のようなカリキュラムは少ない。その結果、専門には強いが、汎用性および知識分野の多様性・広さには弱点があるという指摘がなされている。

参考文献

夏立憲『中国における民営大学の発展と政府の政策』溪水社、2002年。

紺野大介『中国の頭脳―清華大学と北京大学―』朝日新聞社、2006年。

北京大学高等教育科学研究所著、大塚豊訳『中国の高等教育改革』広島大学大学教育研究センター、1995年。

三箇山清他『産官学協同の比較研究―日本・中国・韓国の実態を探る―』晃洋書房、2003年。

INFORMATION

オーストラリアの大学事情

(1) 教育の特徴

オーストラリアの大学や専門学校は、公平さや高い学術水準の維持、教育課程の不断の改善に努め、優れた授業や研究、学生援助の提供に重点を置いている。大学の数が少なく、どれもがハイレベルであるため、大学へのハードルは高く、本当に学ぶ意志がある生徒しか進学しない。特に、海洋学、動物学、環境学、教育学、アジア研究では、世界のトップレベルにある。

(2) 大学の種類と開設数

オーストラリアの高等教育機関は、総合大学と専門学校・職業訓練校の2つに大別される。公立37校、私立2校の総合大学では国際的な提携に熱心で、個々の研究協力や海外の大学との共同計画など、多方面で友好関係を締結している。特に、アジア太平洋地域の教育機関との連携促進に努めている。一方、専門学校・職業訓練校は1000校以上に及び、コースやカリキュラム編成に最新の産業界の動きを取り入れ、最先端の技術にもとづく実践的な知識を習得できる。キャリアアップを目指すビジネスマンなど社会人にも人気が高い。基本的に2学期制で、秋学期（2月〜6月）と春学期（7月〜11月）で構成される。

(3) 入試制度

大学の入学試験はない。中等教育の卒業試験（州統一試験）が大学入学試験を兼ねており、進学準備期間（中高一貫の義務教育の11〜12年生）を通しての成績評価、その2年間に取得した単位数とその間に取り組んだ課題の成績、そして中等教育の卒業試験（州統一試験）の結果が各大学・学部への入学基準となる。

(4) 学費

オーストラリア大学では、ボンド大学とノートルダム・オーストラリア大学の2校の私立大学を除き、すべてが国立大学なので学校間での学費の差は少ないが、理系やビジネス系は学費が高くなる。また、シドニー大学やメルボルン大学など大都市内にある学校は学費・

第2章　ファッション・ビジネス教育　120

寮費ともに比較的高いが、基本的にオーストラリアの大学は授業の数で学費が決まる。学費の目安（学士号）は、人文、商業、経済、法律のコースで年間1万1000～1万6000豪ドル、科学・工学のコースで年間1万2000～1万8000豪ドルとなっている。

（出所：「大学留学 Australia」http://www.daigaku-ryugaku.com/05au/06.shtml）

(5) 一般教養教育

日本のような一般教養課程は存在せず、1年目から専門的な知識を学ぶ。大学での勉強方法は短期集中型で、短い間に中身の濃い勉強を強いられる。一般に1学期で4科目の履修をする。そのすべての授業で日本の大学の少人数ゼミナールのような準備学習が求められる。

参考文献

ICC国際交流委員会編『大学生のための1年間留学〈2006年〉―アメリカ・カナダ・イギリス・オーストラリア・ニュージーランド―』三修社、2005年。

アラン・バーカン著、笹森健監訳『オーストラリア教育史』青山社、1995年。

石附実、笹森健編『オーストラリア・ニュージーランドの教育』東信堂、2001年。

佐藤博志編『オーストラリアの教育改革―21世紀型教育立国への挑戦―』学文社、2011年。

ジークリット・ルヒテンベルク編、山内乾史監訳『新訂版 移民・教育・社会変動―ヨーロッパとオーストラリアの移民問題と教育政策―』明石書店、2010年。

INFORMATION　オーストラリアの大学事情

国際ビジネス教育認証機関AACSBの認証大学（2012年分）

大学名（カッコ内は国）
Cardiff University（英国）
Chonnam National University（韓国）
Dongguk University（韓国）
ESC Rennes School of Business（仏：本書第1章第3節参照）
Imperial College London（英国：本書第1章第1節参照）
Istanbul University（トルコ）
Macquarie Graduate School of Management（豪国）
Missouri University of Science and Technology（米国）
National Institute of Development Administration（タイ）
Peking University（中国）
Providence College（米国）
Southern University at New Orleans（米国）
The University of Liverpool（英国）
The University of Texas at Brownsville（米国）
Universiti Putra Malaysia（マレーシア）
University of Bradford（英国）
University of Dallas（米国）
University of Stellenbosch（南アフリカ）
West Texas A&M University（米国）

（出所：http://www.aacsb.edu/accreditation/new-accred.asp）

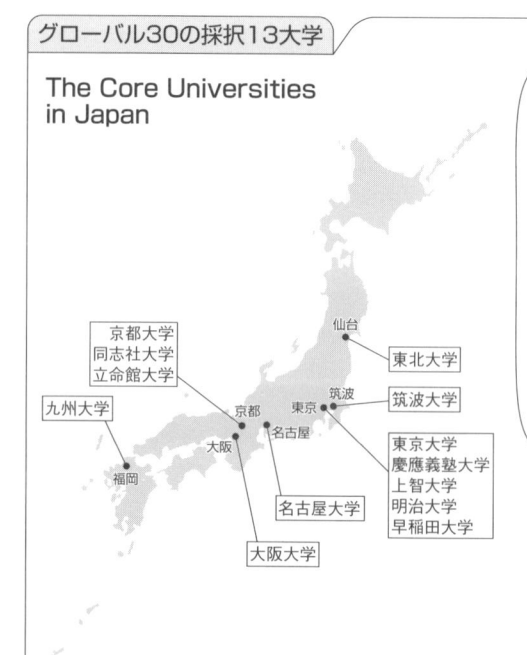

グローバル30の採択13大学

The Core Universities in Japan

京都大学
同志社大学
立命館大学
九州大学
福岡
仙台
東北大学
筑波
筑波大学
京都
東京
名古屋
大阪
東京大学
慶應義塾大学
上智大学
明治大学
早稲田大学
名古屋大学
大阪大学

グローバル30とは、文部科学省が支援する「国際化拠点整備事業（グローバル30）」の略称で、2009（平成21）年度に13の大学が日本を代表する「国際的に質の高い人材が集まる拠点（国際化拠点大学）」に採択されました（内訳については左図を参照）。

その後、いわゆる事業仕分け（行政刷新会議）によって、2011（平成23）年度からは産業界との連携や拠点大学間のネットワーク化をも視野に入れた「大学の国際化のためのネットワーク形成推進事業」として進められています。

（出所：https://www.dropbox.com/s/7dbm8jt2w9k7x81/Global%2030.ppt）

第3章
ロジスティクス/マーケティング教育

(写真提供：大連海事大学)

大連海事大学
1953年に創立され、中国交通運輸部(日本の国土交通省に相当)に直属する中国の重点大学です。現在、航海学部、船舶技術学部、法学部、外国語学部など文理系合計19学部が設置されており、在校生2万人超の文理系を網羅する総合大学です。現在27カ国の各地で70校以上と提携を結び、海外との学術交流も積極的です。また学部から博士課程まで、幅広く海外からの留学生を受け入れています。

(写真提供：ミシガン州立大学)

ミシガン州立大学
1855年に創立された、ミシガン州イーストランシング市にある州立総合大学です。公立の大学のなかでアイビー・リーグ大学レベルの教育が受けられる、パブリック・アイビーの1つとなっており、農学部、工学部、看護学部など多様な学部が設置されています。MBA教育でも、アメリカ国内で高い評価を受けてきましたが、近年では、マーケティング・リサーチや企業のコンサルティングを実施するMMRのプログラム拡充にも力を入れています。

(写真提供：クランフィールド大学)

クランフィールド大学
学部を有していない大学院大学であり、そのヨーロッパ有数のビジネス・スクールでは、サプライチェーン研究において世界をリードする存在となっています。学生のリーダーシップの養成を目的に、産学連携にも積極的に取り組んでおり、卒業生の就職率も高く、産業界から高い評判を得ています。MBAとMSのコースがあり、ドクターコースもあります。ロジスティクス・サプライチェーンマネジメント・センターなど、さまざまな研究センターも設置されています。

グローバルなロジスティクス人材の育成
～大連海事大学の事例～

(1) 大連海事大学の紹介

中国でロジスティクスという専門分野における強みをもつ大学として、本節では大連海事大学を紹介したいと思います。海事大学という名では航海士やセーラーの育成に特化した工学系の大学とのイメージが強いのですが、大連海事大学は法学部や外国語学部をはじめ、船舶技術学部など、文理系を網羅する総合大学です。

大連海事大学は1953年に創立され、中国交通運輸部（日本の国土交通省に相当）に直属する中国の重点大学です。中国国内の海事関連高等学校としての権威的な地位はもちろん、1983年に国連開発計画（UNDP）および国際海事機関（IMO）が同大学でアジア太平洋地域国際海事訓練センターを設置したことを皮切りに、1985年に世界海事大学が同大学で分校を設立したなど、大連海事大学は国際的にも高い評価を受けている海事関連高等学校です。また、中国で最初にISO9001認証を取った大学でもあります。

同大学では現在、航海学部、船舶技術学部、情報科学技術学部、交通運輸学部、交通・

町田一兵

第3章　ロジスティクス／マーケティング教育　124

COLUMN① 大連ってどんなところ？

　中国の代表的な都市で言えば、北京や上海などは有名ですが、600万人の人口を有する大連市も代表的な中国大都市の1つです。遼東半島の最南端に位置し、三方を海に囲まれた港町である地理的重要性から、海運もさることながら、鉄道・道路などの交通インフラも整備され、人流・物流も栄えている町です。

　歴史的、地理的に日本との付き合いが多いところから、日本語学習者が多く、親日の町ということもあり、中国東北三省に進出した日系物流企業36社のうち、29社が大連に立地しています（出所：2013年1月現在・法人ベース・町田データ）。

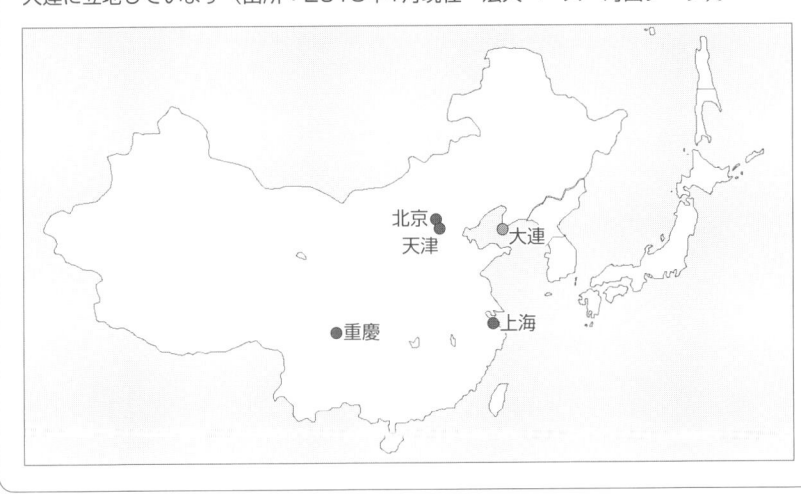

ロジスティクス技術学部、法学部、環境科学・技術学部、人文科学社会学部、外国語学部など文理系合計19学部が設置されており、在校生2万人超の一大総合大学です。

海事関連から早い段階で海外との学術交流を積極的に進めてきました。現在ではロシア、北米、日本、イギリス、韓国、オーストラリア、スウェーデン、エジプト、ベトナム、スリランカなど27カ国・地域で70校以上と提携を結び、定期的な学術交流を進めています。また、学部から博士課程まで、幅広く海外からの留学生も受け入れています。

(2) ロジスティクス関連の教育概要

　ロジスティクス関連の人材育成は主に交通運輸管理学院（学部）が担っており、ロジスティクス関連の人材育成のほかに、近年では30個余りの国家プロジェクトに参画し、中央および地方政府から数々の奨励を得るなど、高い評価を得ております。

人材育成の面においても、在校生に対し、学校内で学生の個人能力を伸ばすためのコンテスト、国際的な視野を育成するための海外交換留学制度が充実しており、人材育成に多大な力を注ぎこみました。結果として、第7回国際発明展金賞や第14回中国国際高新技術成果貿易会優秀製品賞などを受賞するなど、今日まで国内外で数々の成果や好成績を残してきております。

また、過去5年間就職率が98％以上を達成し、卒業生の就職先は主に国内外の陸運、海運、ロジスティクス、経済管理およびIT関連の企業、海事機構、行政管理部門、研究所および大学などに及んでいます。

● 大連海事大学の教員棟 ●
（写真提供：大連海事大学）

(3) ロジスティクス関連の教育カリキュラム

交通運輸管理学院（学部）の下に14コースが設置されております。それぞれ交通運輸コース、情報管理および情報システムコース、ロジスティクス・エンジニアコース、国際経済貿易コース、経済学コース、ロジスティクス・マネジメントコース、工商マネジメントコース、マーケティングコース、財務管理コース、観光マネジメントコース、E‐コマースコース、海運マネジメントコース、行政マネジメントコース、公共事業マネジメントコースに分かれています。

第3章　ロジスティクス／マーケティング教育　126

> **COLUMN②** （注1）ロジスティクス企業（総合）
>
> モノを動かすには輸送・保管・包装・荷役・流通加工・物流情報といった諸要素が必要ですが、実際にモノを動かすためのトラック・船・飛行機をもたなくても、諸要素をコーディネートする企業が総合ロジスティクス企業です。重要なことは、諸要素を自前でもつのではなく、その一部ないし全部の要素をニーズに合わせ、効率的な調達でアウトプットを実現し、高付加価値を生むことが肝心です。

① 交通運輸コース

交通運輸コースには、国際貿易輸送および港湾経営管理いう2つのサブコースが設けられています。国際貿易輸送サブコースは伝統あるコースとして、長年港湾および海運会社向けに経営管理人材を育成するために設置され、学校の看板的存在として従来から人気が高いようです。

一方、港湾経営管理サブコースは国内外における港湾人材の不足のため、2005年に新たに設置されたコースであり、時代の要請に対応した形で設置され、大連海事大学の強みを生かした新しい学科として急速に拡大しています。

国際貿易輸送サブコースの場合、専門的なカリキュラムとして、航空輸送業務論、道路・鉄道輸送業務論、貨物基礎論、国際コンテナ輸送論、海上貨物輸送論、用船輸送契約論、海運トランジット論、国際一貫輸送論などがあげられます。なお、卒業生の就職先としては、貿易会社、貨物取扱事業者、税関および総合ロジスティクス企業が多いです。

港湾経営管理サブコースの場合、専門的なカリキュラムとして、船舶貨物輸送論、港湾経済学、水運商業管理論、港湾マーケティング論、港湾政策および法規、コンテナターミナルの運営および管理などがあげられます。なお、卒業生の就職先として、主に港湾、港湾・海運関連の国家および地方交通行政管理部門、港湾関連企業などです。

● 大連海事大学の科学会館 ●
（写真提供：大連海事大学）

COLUMN③　ロジスティクスと情報の関連

　ロジスティクスは、各輸送モード、関連機器を活用し、ニーズを満たすための効率的、かつ一貫的な行為の結果であり、その間、最も重要視される要素の１つは物流情報です。正しい情報によって、タイミングよく輸送・保管・包装などの諸要素を動かし、はじめて効率的なアウトプットが達成できます。

COLUMN④　中国に進出している日系物流企業

　2001年の中国のWTO加盟以降、日系メーカーや流通企業が中国に大量進出し、日系物流企業も中国に現地法人を設立し始め、現在現地法人500社弱が進出し、東部沿海地域に業務展開しています。
　その際、日系物流企業ならではの高度な物流サービス（たとえば、輸送中の振動・温度管理、通関業務、流通加工業務など）が付加価値を産み、現地に進出している日系荷主をサポートしています。

●広州ホンダ、完成車を専用の鉄道コンテナに積み込む光景●
（出所：2005年１月31日筆者撮影）

第３章　ロジスティクス／マーケティング教育　128

② 情報管理および情報システムコース

早い時期に情報管理および情報システムコースを設置した同大学では、情報化時代の到来に合わせたロジスティクス人材を育成することを明確な目的としております。

専門的なカリキュラムとして、C言語、JAVAプログラミング設計、ホームページ設計、データベース構築、情報システム分析および設計、ロジスティクス管理およびシミュレーションなどがあげられます。なお、卒業生の就職先としては、企業および政府部門の情報管理部門が大半です。

●大連海事大学の学生寮●
（写真提供：大連海事大学）

③ ロジスティクス・エンジニアコース

ロジスティクス・エンジニアコースは、ロジスティクス・システムエンジニアを育成することを目的としております。

専門的なカリキュラムとして、オペレーションズ・リサーチ論、機械設計基礎論、交通工程論、ロジスティクス・システムシミュレーション、交通運輸計画理論および方法、港湾荷役、ロジスティクス事例分析、ロジスティクス情報システムなどがあげられます。なお、卒業生の就職先としては、主に保税区、港湾運営企業、3PL事業です。

④ **国際経済貿易コース**

国際経済貿易コースは、主に国際経済貿易の発展および国際・国内法関連を熟知し、貿易関連の専門知識をベースにロジスティクス分野での人材の育成を目的としております。

専門的なカリキュラムとして、英語、マネジメント論、統計論、マクロ経済学、ミクロ経済学、国際マーケティング論、国際貿易、貿易実務、国際輸送保険などがあげられます。

なお、卒業生の就職先としては、主に貿易会社、大型ロジスティクス企業、保険会社、外資投資コンサルティング会社、会計事務所があげられます。

⑤ **経済学コース**

経済学コースは、海運・港湾およびロジスティクス各システムの分析・管理を担当する人材を育成することを目的としております。

専門的なカリキュラムとして、ミクロ経済学、マクロ経済学、海運経済学、産業経済学、地域経済学、計量経済学、海運金融学、基礎会計学、統計学、税法、証券および投資などがあげられます。なお、卒業生の就職先としては、主に港湾企業、ロジスティクス企業、銀行関連があります。

⑥ **ロジスティクス・マネジメントコース**

ロジスティクス・マネジメントコースは、ロジスティクス分野における運営および管理を行う人材を育成することを目的としております。

専門的なカリキュラムとして、現代ロジスティクス概論、オペレーションズ・リサーチ

論、サプライチェーン・マネジメント、国際貿易実務、コンテナ輸送およびマルチモードによる複合一貫輸送、ロジスティクスセンター運営管理、ロジスティクスリスク管理、フォワーディング業務、用船業務などがあげられます。なお、卒業生の就職先としては、主に3PL事業者、金融業、保険業です。

⑦ 工商マネジメントコース

工商マネジメントコースは、経済・法律・金融などの知識をもつ複合的な人材を育成することを目的としております。

専門的なカリキュラムとして、経済法、マネジメント論、オペレーションズ・リサーチ論、管理情報システム論、統計学、財務管理、会計学、人力資源管理論、リスクマネジメント論などがあげられます。なお、卒業生の就職先として、主に政府管理部門、金融産業、コンサルティング会社です。

⑧ マーケティングコース

マーケティングコースは、ロジスティクス事業者のマーケティング戦略の展開・実施を担う人材を育成することを目的としております。

専門的なカリキュラムとして、マーケティング論、市場調査、マーケティングプランニング、小売学、フランチャイズの運営、E‐コマース、広告論、海運マーケティング実務論、消費者行動論、サービスマーケティング論、マネジメント論、ブランド戦略などがあげられます。なお、卒業生の就職先として、主に海運事業者、無店舗小売業です。

第1節　グローバルなロジスティクス人材の育成

COLUMN⑤　（注２）複合一貫輸送とは

　１つの貨物が目的地まで特定の容器に入れられ、複数の輸送機関の組み合わせ（たとえば：トラック→飛行機→トラック）で運ばれる形態を「複合一貫輸送」（Intermodal Transport）と言います。容器内の荷物が途中で人手などに触れることなく運ばれることは、貨物の安全性・迅速性の改善に大きく寄与します。

　また、一貫輸送に使う容器には、主にコンテナとパレットがあります。貨物をコンテナやパレットに載せ、目的地まで運ばれることは今日では一般的となっています。コンテナは、一般的な国際基準で20・40フィートがあります。パレットは日本国内でT11（1100×1100mm）という標準仕様が定められています。

●三峡ダム上流に航行する内航コンテナ船●
（出所：2007年３月２日筆者撮影）

●北京上海間で走るダブルスタックトレーン●
（出所：2007年７月９日筆者撮影）

●大井埠頭　ローロー船ひまわり●
（出所：2012年９月５日筆者撮影）

> ローロー（ロールオン・ロールオフ）船とはランプを備え、トレーラーなどの車両を収納する車両甲板をもつ貨物船のことです。車両甲板により、搭載される車両はクレーンなどに頼らず自走で搭載・揚陸することが可能です。

⑨ 財務管理コース

財務管理コースは現代財務関係関連の専門人材を育成することを目的としております。専門的なカリキュラムとして、基礎会計学、財務管理基礎、金融学、証券投資学、リスクマネジメント、港湾企業業績評価、財務ソフトの使用、コスト会計、管理会計などがあげられます。卒業生の就職先としては、主に会計事務所、税理士事務所があります。

⑩ 観光マネジメントコース

観光マネジメントコースは、主に旅行産業、とりわけクルーズ産業関連の専門人材を育成することを目的としております。専門的なカリキュラムとして、マネジメント論、ミクロ経済学、マクロ経済学、情報管理システム、基礎会計学、マーケティング論、経済法、ガイド実務、観光英語、観光地理、観光法規制などがあげられます。なお、卒業生の就職先は、主に旅行関係、とりわけクルーズ（遊覧船）関連会社です。

⑪ E‐コマースコース

E‐コマースコースは、電子商取引関連の専門人材を育成することを目的としております。専門的なカリキュラムとして、ミクロ経済学、マーケテ

●大連海事大学のプラネタリウム●
（写真提供：大連海事大学）

●中国大陸の10大港の1つ「日照港」●
（出所：2008年9月9日筆者撮影）

●世界最大の日用雑貨卸売市場「義烏」に出入りする貨物列車●
（出所：2010年7月13日筆者撮影）

●世界一のコンテナ取扱量を誇る上海港のうちの一港「洋山港」●
（出所：2012年3月9日筆者撮影）

⑫ 海運マネジメントコース

海運マネジメントコースは、長い伝統をもつコースであり、中国国内水運、港湾、海事関係で多大な影響を与えたほど、今日においても学内で高い人気を誇るコースです。専門的なカリキュラムとして、管理学基礎、ミクロ経済学、システムプロセス、航海概論、ロジスティクス基礎、統計学、財務管理、マーケティング、経済貿易地理、マルチモーダル輸送などがあげられます。なお、卒業生の就職先は、主に交通関連行政管理部門、大手荷主企業、港湾関係、ロジスティクス企業、金融業です。

イング論、財務管理、JAVAプログラム設計、データベース管理、電子商取引ポータルサイト設計などがあげられます。なお、卒業生の就職先は、主に電子商取引関連会社です。

第3章　ロジスティクス／マーケティング教育　134

⑬ 行政マネジメントコース

行政マネジメントコースは、行政マネジメントにおける専門人材を育成することを目的としております。

専門的なカリキュラムとして、政治学原理、管理学基礎、ミクロ経済学、マクロ経済学、社会学概論、管理心理学、行政管理学、公共部門人力資源開発および管理、公共政策分析などがあげられます。

⑭ 公共事業マネジメントコース

公共事業マネジメントコースは、政府部門および企業の総務関連人材を育成することを目的としております。

専門的なカリキュラムとして、管理学基礎、社会学概論、ミクロ経済学、マクロ経済学、公共管理学、民法および民事訴訟法、行政法および行政訴訟法、公共部門人力資源開発および管理、公共政策分析、統計学、財務管理などがあげられます。

クランフィールド大学と統合的ロジスティクス論

(注1) 大学院だけの大学は、わが国ではいまだに数少ない状況ですが、国際的には決して珍しくはありません。世界初の研究大学院大学は、1876年に創設されたアメリカのジョンズ・ホプキンス大学（Johns Hopkins University）で、アジアでも1909年にインド科学大学院大学（Indian Institute of Science）がバンガロールに創設されています。

(1) はじめに

ロンドンから電車で40分ほどの距離にあるクランフィールド大学（Cranfield University）は学部を有していない大学院大学です(注1)。同大学にはヨーロッパ有数のビジネス・スクールがあり、サプライチェーン研究において世界をリードする重要な存在となっています。

明治大学商学部は、2012年9月8日の共同研究会および11月24日の国際シンポジウムを開催するなどして、同校の研究者と国際的な学術交流を進めています。

(2) クランフィールド大学について

クランフィールド大学は伝統的な大学とビジネス界の中間に位置しており、大学の有する科学的な厳格さと長期的な視点を、産業界のビジネス的視点に融合させています。同大学はグローバルな環境で大学運営を行っています。知識の実践的な適用を目的とする産学連携の盛んな大学で、それは受講生のリーダーシップを養成することを目的にしています。卒業生の就職率も高く、産業界からの評判は高いものがあります。ビジネス・スクールに

ソルーシュ・サグヒリ

第3章 ロジスティクス／マーケティング教育

● クランフィールド大学の校舎 ●
(写真提供：クランフィールド大学)

はMBAとMSのコースがあり、ドクターコースも設置されています。
クランフィールド大学のスクール・オブ・マネジメントでは、スタッフはさまざまなグループに分かれています。たとえば、マーケティング・グループやロジスティクス・サプライチェーン・マネジメント・グループなどがあります。そして、さまざまな研究センターも設置されています。たとえば、ロジスティクス・サプライチェーン・マネジメント・センターでは国際化の進展を受けて、ロジスティクスの戦略的意義を研究し、大学院に提供するさまざまな教育プログラムに対して、その研究成果を反映させています。

このようにクランフィールド大学では、産業界や卒業生の意向を受けて研究テーマを、ファイナンスやリーダーシップ、マーケティングからサプライチェーン・ロジスティクス・マネジメントまで幅広く設定しています。そこでは教員によるさまざまな研究会・講演会も活発に開催されています。

(3) 「イギリスのロジスティクス事情」研究会

2012年の第1回の明治大学商学部との共同研究会（9月8日、明治大学駿河台キャンパス）は、「イギリスのロジスティクス事情」というテーマで開催されました。
報告者は、クランフィールド大学のジャネット・ゴッドセル氏とマーク・ジョンソン氏で、イギリスの流通の動向やサプライチェーン研究の方向性、小売業によるPB（プライベート・ブランド）商品のブランド構築についての報告が行われました。そのなかでも特にPB商品のブランド管理問題や調達ネットワークを担うサード・パーティ・ロジスティ

第2節　クランフィールド大学と統合的ロジスティクス論

グローバル環境における物流イメージに関する研究

―日中韓における大学生アンケート調査を中心に―

町田 一兵（明治大学）
魏 鍾振（神奈川大学経済貿易研究所）
菊池 一夫（明治大学）
小川 智由（明治大学）

主成分分析の結果

成熟産業のイメージ／単純業務のイメージ／高度な産業のイメージ／新興産業のイメージ

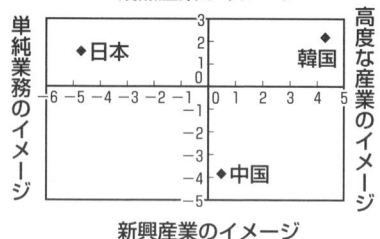

日本：(-4, 2)付近
韓国：(4, 2)付近
中国：(1, -4)付近

研究の背景と意義

背景

- 日中韓を中心とする東アジア域内貿易が増加基調
- 国境を越える物流活動の活発化
- 物流が国内・国際ともにますます重要な産業に
- 担う人材像も大きく変化
- 日本の大学における物流教育は、グローバルな物流人材育成が遅れているとの指摘

意義

- 日中韓の大学生における物流イメージの比較
- 各国の異なる政策にもとづく物流イメージの違い
- 物流教育に関する産官学の連携をする際の土台

結果の考察

- 日本の大学生にとって、物流産業に対するイメージは低い。
- 物流産業の仕事内容に対し、「わからない」、「就職したくない」イメージが強い。
- 給与水準や将来性について、あまり魅力を感じず、そのうえ、長時間労働や子育てには厳しい産業との認識が強い。
- 主成分分析の結果、成熟産業＋単純作業であるイメージが強い。

今後の課題

- 物流に対する正しい理解の促進によるイメージの向上
- 物流教育プログラムの拡充
- 物流関連ビジネスにおける戦略的位置づけの重視

第3章　ロジスティクス／マーケティング教育

国際シンポジウム「ロジスティクスとマーケティングの融合」のポスター

クス（3PL）の評価について議論がなされました。他方で日本側からは、明治大学の小川智由、菊池一夫、町田一兵および魏鍾振（神奈川大学経済貿易研究所）の共同研究による、日本・中国・韓国の物流に関するイメージの比較調査結果が報告されました。そこでは今後の物流イメージの向上、物流産業の発展のために国の政策として何をなすべきかについての議論が行われました。その結果、単に物流という業務的な問題というよりも、サプライチェーンというグローバルで戦略的な考え方を広く社会に浸透させていくことが産業界のみならず、大学にも求められている重要な課題であるという結論に至りました。なお、このワークショップは日本物流学会「物流新イメージ研究会」との連携によるもので、大学の研究者・院生だけではなく物流学会員や業界関係者からも多くの参加がありました。

（4）国際シンポジウム「ロジスティクスとマーケティングの融合」

2012年の第2回目の学術交流では、「ロジスティクスとマーケティングの融合」というテーマを掲げて、明治大学において国際シンポジウム（11月24日）を開催しました。海外からもクランフィールド大学のソルーシュ・サグヒリ氏、ミシガン州立大学のブレンダ・スターンクィスト氏、大連海事大学の楊忠振氏の3氏を招いて、このシンポジウムは行われました。

第2節　クランフィールド大学と統合的ロジスティクス論

以下では、サグヒリ氏の講演「顧客オーダーによるデカップリング・ポイントと統合型ロジスティクス」の概要について紹介します。

まず、サグヒリ氏は、リーの研究論文を紹介しながら、グローバル化に伴い市場が激しく変化するなかで、ロジスティクスは迅速かつ柔軟にリスクへの対応をしなければならないと強調しています。

ただし、その対応の仕方は供給サイドの不確実性と市場の不確実性の大きさによって異なってきます。供給サイドの不確実性が低い（プロセスが安定している）場合と高い（変化が激しい）場合に分類できます。また、市場の不確実性も低い場合（機能的な製品）と高い場合（イノベーティブな製品）とに分類できます。

供給の不確実性が低く、かつ市場の変化も低い場合には、無駄を省く「リーン」、すなわち無駄を削ぎ落とした手順で対応す

市場と供給の不確実性			
供給の不確実性	高 (evolving process)	Zone 2 リスクヘッジ型	Zone 4 アジル型
	低 (stable process)	Zone 1 リーン型	Zone 3 反応型
		低 (functional products)	高 (innovative products)
		市場の不確実性	

ケース・スタディ

2. カジュアルＴシャツの商品部門（リスクヘッジ型）

4. 競技用品の商品部門（アジル型）

1. 男性のアンダーウェアと靴下の商品部門（リーン型）

3. フォーマルなシャツとスーツの商品部門（反応型）

ることが求められます（ゾーン1）。また供給の不確実性が高く、市場の不確実性が低い場合には「リスクをヘッジすること」、すなわち大量生産のメリットと顧客ニーズへの対応との両立が課題となります（ゾーン2）。そして供給の不確実性が低く、市場の不確実性が高い場合には、「反応型」での対応が求められます。すなわち、多品種少量生産がその具体的な姿です（ゾーン3）。最後に、供給の不確実性が高く、市場の不確実性が高い場合には「俊敏さ」を伴う受注生産での対応が求められます（ゾーン4）。

以上の状況は、移り気な消費、需要予測の精度の低さ、衝動的購買、製品ライフサイクルの短さ、大幅な値下げの多さ、そして季節性などの問題を抱えるファッション業界で典型的に現われていると説明しています。

具体的には4つの商品部門をもつアパレル企業を事例として取り上げました。リーン型の代表的商品として、男性用アンダーウェアと靴下の商品部門が当てはまります。リスクヘッジ型は、カジ

4つのケース・スタディでの市場とオペレーションの状況

テキスタイル産業の グループの区分：		男性用アンダー ウェアと靴下	カジュアルな Tシャツ	ファーマルな シャツとスーツ	競技用 アパレル
不確実性	需要の組み合わせ	低い	高い	高い	高い
	トータルの需要	低い	低い	高い	高い
	素材の移り変わり	低い	低い	高い	高い
	デザイン	低い	低い	低い	高い
タイム スパン	デザイン上の基本的な変化	5-10年	3-5年	2-3年	各オーダーに依存
	デザイン上のマイナーな変化	3-5年	1-2年	約1年	各オーダーに依存
主要な目標		品質、コスト	リードタイム	サービスレベル	顧客価値、サービスレベル

ュアルなプリントTシャツの商品部門が当てはまります。続いて、反応型としては、フォーマルなシャツとスーツの商品部門です。最後にアジル型に当てはまるのは、競技用のスポーツウェアの商品部門です。

すなわち、同じファッション業界でも商品の特性によって対応すべきロジスティクス戦略が異なってくることがわかります。商品特性ごとに需要の不確実性、タイムスパン、主要な目標をまとめると、上の表のようになります。

それでは、商品部門（グループ）ごとにどのようなサプライチェーンの戦略を採用すればよいのでしょうか。これを4つのパターンに沿って見ていきましょう。まずゾーン1の男性用アンダーウェアと靴下の商品部門の場合、安定的なデザインのため、大量生産することができ、小売店からの販売時点のオーダーにもとづいて商品の発送が行われます。つまり需要や供給が安定的なため、予測にもとづいて計画生産し、流通させるという戦略が採用できます。これを「リーン型」ロジステ

第3章　ロジスティクス／マーケティング教育　　*142*

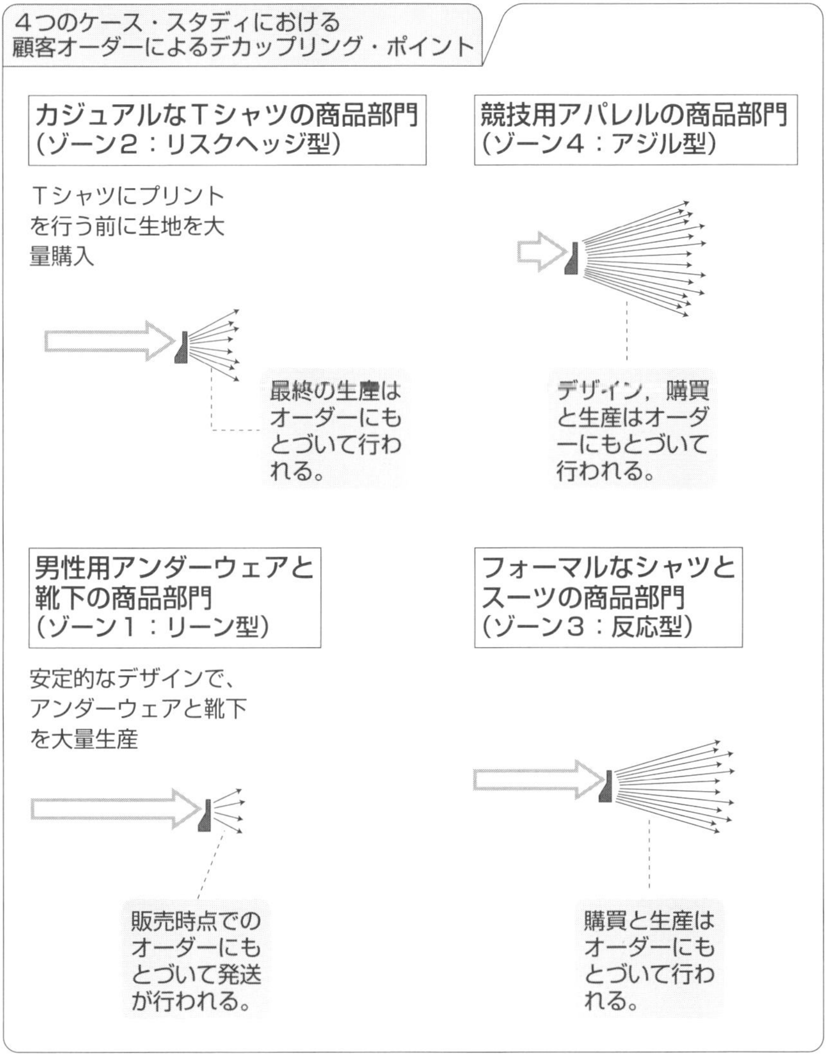

4つのケース・スタディにおける顧客オーダーによるデカップリング・ポイント

カジュアルなTシャツの商品部門
（ゾーン2：リスクヘッジ型）

Tシャツにプリントを行う前に生地を大量購入

最終の生産はオーダーにもとづいて行われる。

競技用アパレルの商品部門
（ゾーン4：アジル型）

デザイン，購買と生産はオーダーにもとづいて行われる。

男性用アンダーウェアと靴下の商品部門
（ゾーン1：リーン型）

安定的なデザインで、アンダーウェアと靴下を大量生産

販売時点でのオーダーにもとづいて発送が行われる。

フォーマルなシャツとスーツの商品部門
（ゾーン3：反応型）

購買と生産はオーダーにもとづいて行われる。

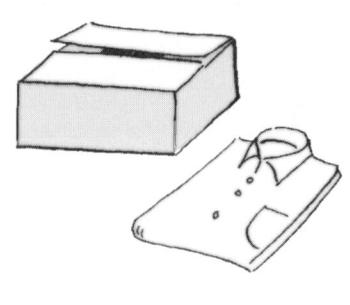

イクスと言い、この場合はコストと品質が主要な目標になります。

次に、ゾーン2のカジュアルなプリントTシャツ商品部門の場合は、トータルの需要は安定していますが、ニーズは多様化しています。そのため生地を大量かつ安定的・計画的に購入し、白地のTシャツを在庫しておきます。しかし、最終のプリントは顧客のオーダーに従って行います。これを「リスクヘッジ型」ロジスティクスと言い、この場合、注文を受けて生産し納品するまでの時間であるリードタイムが重要な目標になります。

続いてゾーン3、すなわちフォーマルなシャツとスーツの商品部門の場合、素材の変化やニーズが多様化しているため、生産は顧客からのオーダーによって決定していきます。つまり「反応型」ロジスティクスとなり、多品種少量生産ないしは個別生産の側面が強くなっていきます。

最後にゾーン4の競技用のスポーツ・アパレル商品部門の場合には、顧客である選手や競技クラブごとにデザインやニーズが異なるため、毎回の注文ごとに異なる対応が求められます。そのため、生産のみならず、デザイン、購買は顧客からのオーダーに従うことになります。つまり完全受注生産にならざるを得ません。しかし、長いリードタイムは許されず、いわゆる「アジル型」ロジスティクスが求められます。

サグヒリ氏によるデカップリング・ポイントの議論は、どの時点まで計画的な生産や購買を行い、どこから受注の方に切り替えるのかについての議論です。ファッション製品のなかでも需要と供給が不確実か安定しているかで、デカップリング・ポイントは大きく異なってきます。不安定になればなるほど、製造工程の最初の段階（デザイン）から、顧客のオーダーに対応していきます。安定的になればなるほど、川下の流通段階で対応します。

第3章　ロジスティクス／マーケティング教育　144

これによってリスクを抑えると同時に、市場に迅速かつ柔軟に対応できるのです。

サグヒリ氏の報告は、現代のメーカーのみならず、流通業、物流業者にとっても大きなヒントを与える有意義な研究報告でした。なお、本シンポジウムも日本物流学会「物流新イメージ研究会」との連携のもとで行われました。本シンポジウムには、学生から産業界の方々、そして多くの研究者など多方面からの出席者が集まりました。先端的ロジスティクスをテーマとした、このシンポジウムへの関心の高さを物語っています。

●国際シンポジウム「ロジスティクスとマーケティングの融合」の様子●

145　第2節　クランフィールド大学と統合的ロジスティクス論

ミシガン州立大学と国際小売業の研究

(1) ミシガン州立大学経営学部について

ミシガン州立大学（Michigan State University：MSU）は、アメリカ合衆国ミシガン州の州都であるランシングに隣接するイーストランシング市にある州立の総合大学で、1855年に創立されました。同大学は、公立の大学のなかでアイビー・リーグ大学レベルの教育を受けられる、パブリック・アイビー（Public Ivy）の1つとなっています。ミシガン州立大学は、経営学部をはじめとして、農学部、工学部、看護学部など多様な学部を有しています。ミシガン州立大学も農学部の農場・牧場などアメリカにある多くの州立大学と同様に含めて、モスクワ大学に次ぐと言われるほどの広大なキャンパスを有しており、キャンパス内を走る巡回バスの総運行距離も、アメリカ国内の大学で1・2を争うとも言われています。キャンパス内にある宿泊型の研修施設としてのホテルも、そのサービスの良さには定評があります。その施設は、ミシガン州に本社を置く、コーンフレークで有名なケロッグ社の寄付を受けて建設されたことから、ケロッグ・センターと呼ばれています。

ブレンダ・スターンクィスト

●卒業式を迎えた学生たち●
(写真提供:ミシガン州立大学)

●ミシガン州立大学の校舎●
(写真提供:ミシガン州立大学)

同大学の経営学部は、Broad College of Businessという名称になっていますが、これも、同学部の運営に対して多額の寄付をした卒業生の、カリフォルニア出身の実業家Broad氏の名前を学部名に冠したものです。寄付者の名前を学部名や建物名に、あるいは教授の肩書につけるということは、欧米の大学ではよくみられることです。

ミシガン州立大学の経営学部は、マーケティング研究とロジスティクス、サプライチェーン・マネジメント研究でも有名です。大学の経営学部のなかで、まずマーケティング研究では、小売業のホイール・セオリーを唱えたスタンレー・ホランダー教授、ならびにマネジリアル・マーケティングを確立したウィリアム・レイザー教授が教鞭をとっていたことで有名です。

また、サプライチェーン・マネジメント研究でも大家であるエドワード・スマイケー教授、ならびにその弟子のドナルド・バワーソックス教授が教鞭をとっていたことで著名な大学です。ロジスティクス概念がようやく一般化し始めた1980年代という非常に早い時期に、マーケティング学科のなかの科目である物流管理論と、マネジメント学科の科目である生産管理論・購買管理論などを核としたコースとして、マテリアルス・アンド・ロジスティクス・マネジメント・コースを創設していたということで、そのマーケティング学科はいわばビジネス・ロジスティクス研究・教育の先駆的存在であるということができます。近年ミシガン州立大学は、MBA教育でも、アメリカ国内で高い評価を受けています。ミシガン州立大学は、MMR(マスター・オブ・マーケティング・リサーチ)のプログラムではそれに加えて、MBAに対して、MMRでは、大学院生拡充にも力を入れており、ケーススタディ中心のMBAに対して、MMRでは、大学院生による実際のマーケティング・リサーチの実施や、企業のコンサルティング活動を実践す

第3節 ミシガン州立大学と国際小売業の研究

るなど、MBAに比べて、より主体的かつ能動的なビジネス教育に力を入れています。また、MBAコースは経営学全般を研究・学習領域とするのに対して、MMRでは、マーケティングに焦点を絞った実践教育がなされています。

(2) 小売業の国際戦略に関する研究成果

2012年に明治大学で開催された国際シンポジウム「ロジスティクスとマーケティングの融合」のパネリストの1人として来日したブレンダ・スターンクィスト氏は、ミシガン州立大学の経営学部・マーケティング学科に所属しています。

スターンクィスト氏は国際小売業経営ならびに仕入れ・調達の分野で著名な研究者で、世界各国の小売業の動向に精通しております。スターンクィスト氏はステージ・オブ・インターナショナル・リテイル・エクスパンション（S-IRE）モデルという小売業が国際化を図っていくモデルを提示しています。以下、スターンクィスト氏の国際シンポジウムでの報告を紹介します。

氏は、小売業の国際化を企業成長のための探求と位置づけています。この成長戦略の類型を、①グローバル戦略、②マルチナショナル戦略、③買収戦略、④フランチャイズ戦略に分類しています。ここで特徴的なのが、③の買収と④のフランチャイズは「小売業者自身が主体的に戦略を展開するもの」ではなく、①のグローバルと②のマルチナショナルを「小売業者が戦略的に国際化を展開するもの」と位置づけて議論しているところです。つまり同氏の主張では、①と②が小売業の主要な国際戦略と位置づけられます。

まず①のグローバル戦略による小売業者は、ⓐ標準化された小売店舗の形態、ⓑ集権化

第3章　ロジスティクス／マーケティング教育　148

された管理、ⓒ垂直統合されたネットワーク、プライベートブランド（PB）商品の活用などの特性をもっています。具体的にはZARA、MANGOといった小売企業がこれに相当します。

他方で、②のマルチナショナル戦略による小売業者は、ⓐ特定地域において集中的に店舗を展開する、ⓑ分権化された管理を行う、ⓒ顧客や文化的な差異によって商品やサービスを変更するなどの特性をもった小売業者です。具体的にはカルフールやウォルマートがあげられます。

氏は、①グローバル小売業者と②マルチナショナル小売業者について、所有の優位性、立地の優位性そして内部化の優位性の観点などから、検討しています。

所有の優位性とは、市場でのパワーを獲得するために企業が利用できる革新的な商品や業務のプロセスが含まれます。所有の優位性は、資産ベースと取引ベースの優位性に分けることができます。

資産ベースの優位性は、ユニークな商品、たとえばプライベートブランド商品のような有形のものを指し

●ウォルマートの店舗●　　　●ZARAの店舗●

149　第3節　ミシガン州立大学と国際小売業の研究

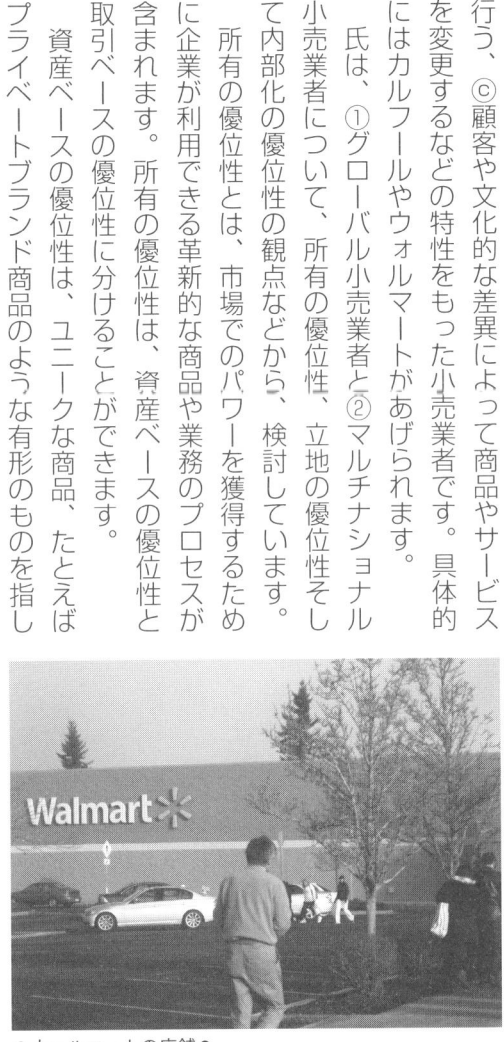

ています。つまり、ZARAのようなグローバル小売業者にこの優位性が該当します。他方で取引ベースの優位性はビジネスの手順を意味し、その独自性は容易に模倣できないものです。たとえば大量仕入れや優れた顧客サービスの方法です。これらはマルチナショナル小売業者に当てはまります。

立地の優位性とは、進出国での出店場所の選定に関わる問題です。その際には、本国との文化的な近さ、現地での競争業者の動向、進出先の市場規模、現地での低コストの地代と人件費などが考慮要因としてあげられます。こうした要因に対して、グローバルな小売業者は世界の主要な大都市にまず出店し、それ以外の地域にはあまり興味を示しません。他方でマルチナショナル小売業者は、進出国と自国との文化的な差異に適応することが重要な要件になります。特定の地域に集中的に出店するためには、その進出国の文化や人々のライフスタイルなどを学んで、経営に生かすような取り組みが必要になってきます。

内部化の優位性とは、企業の所有資産が大きくなっていくほど、経営ノウハウなどの秘密を保持すべく、情報を企業内にとどめたほうが良いということを意味しています。

以上のことから、グローバル小売業者とマルチナショナル小売業者では国際化を進めていくための戦略の方向性が異なることがわかります。同氏は、両タイプの小売業者の国際化戦略の道筋について、次の2つの図で示して、対比しています。

スターンクィスト氏が提示した、2つのタイプの小売業者の体系的な国際化戦略の道筋は、国内の需要が縮小し、国際展開を行わなければならない状況にあるわが国の小売業者に対してかなり大きな示唆を与えることになるでしょう。

第3章 ロジスティクス／マーケティング教育

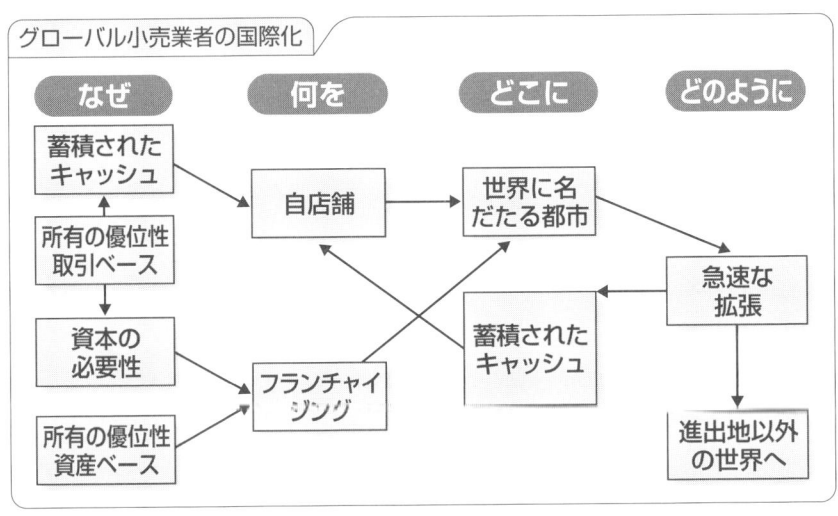

グローバル小売業者の国際化

なぜ	何を	どこに	どのように
蓄積されたキャッシュ	自店舗	世界に名だたる都市	急速な拡張
所有の優位性 取引ベース			
資本の必要性	フランチャイジング	蓄積されたキャッシュ	進出地以外の世界へ
所有の優位性 資産ベース			

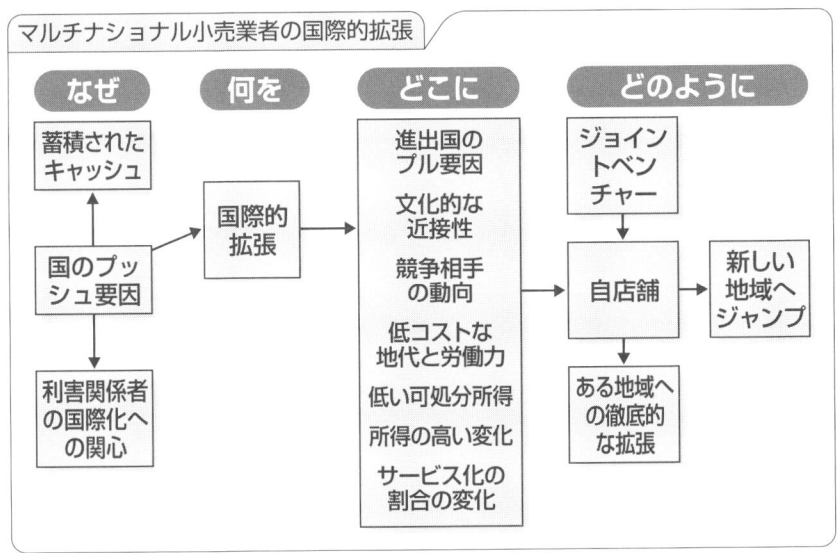

マルチナショナル小売業者の国際的拡張

なぜ	何を	どこに	どのように
蓄積されたキャッシュ	国際的拡張	進出国のプル要因	ジョイントベンチャー
国のプッシュ要因		文化的な近接性	自店舗
利害関係者の国際化への関心		競争相手の動向	新しい地域へジャンプ
		低コストな地代と労働力	ある地域への徹底的な拡張
		低い可処分所得	
		所得の高い変化	
		サービス化の割合の変化	

第3節　ミシガン州立大学と国際小売業の研究

(3) 国際シンポジウムの総括

今回のシンポジウムの問題提起は次のとおりです。もともと流通研究として一体であったマーケティングとロジスティクスですが、1970年代以降、分離して研究する傾向になっています。またマーケティングは新製品開発や広告などのように華やかなイメージがありますが、他方でロジスティクスは在庫管理、荷役、輸送といった地味なイメージです。しかし価値を創造する側面では、互いに必要な機能であり、不可分な関係にあります。そして戦略的な思考をもつことも要請されています。

この点でスターンクィスト氏が今回のシンポジウムにおいて、小売業はダイナミックな産業であり、顧客志向という観点でマーケティング戦略を展開するにあたり、ロジスティクスの側面、すなわち出店先の選定と店舗ネットワークや調達システムが重要な要因になると指摘していたのは、とても有意義なことであるということができます。

一方、前節で紹介したクランフィールド大学のサグヒリ氏の報告内容であったマーケティングや商品特性の違いによるデカップリング・ポイント、すなわちサプライチェーン・タイプの違いというのも、示唆に富む指摘でした。

以上のことから、本シンポジウムのテーマであった「マーケティングとロジスティクスの融合」の、これからの国際的なビジネス展開における重要性が改めて浮き彫りにされたと言えます。

第3章 ロジスティクス／マーケティング教育

INFORMATION

アメリカの大学事情

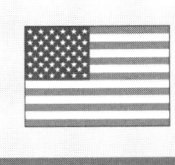

(1) 教育の特徴

アメリカの高等教育（大学、および大学院課程）では、日本と異なり、厳密な意味で文部科学省のような中央で教育を統括する政府機関は存在しない。アメリカには、高等教育を受けられる大学・大学院から、地域の人々に幅広く教育を提供しているコミュニティ・カレッジ、通信教育、専門学校などが整っている。

(2) 大学の種類と開設数

アメリカには、現在、4352校の大学があり（認定制度による認定を受けていない大学も含まれている）、内訳は、公立大学が1685校（39％）、私立大学が2667校（61％）である。大学数では公立大学が私立大学より少ないものの、学生数は圧倒的に公立大学のほうが私立大学よりも多い。

大学の種類は、ハーバード、コロンビアやスタンフォードに代表される私立の総合大学、UCLAやカリフォルニアに代表される州立の総合大学、その他にリベラルアーツ・カレッジ、コミュニティ・カレッジ、ジュニア・カレッジ等に分類される。学期制は、一般に9月始まりのセメスター制かクオーター制である。

（出所：Digest of Education 2008, National Center for Education Statistics、文部科学省「平成21年度学校基本調査」（政府統計の総合窓口（e-Stat）ウェブサイト内）

(3) 入試制度

アメリカの大学には日本的な入学選抜試験というものはなく、すべて書類審査で選考されている。GPA（内申点）、SAT（大学進学適性試験）、スポーツや芸術活動・ボランティア活動といった学校外での活動などが併せて評価の対象となる。その他に州立大学での州民枠、人種の偏りを排除するマイノリティ特別枠、卒業生の子弟を優先的に入学させるレガシー等の制度がある。

(4) 学費

入学金・施設費はかからず、学費は登録する単位数によって変動する。レベルの高い大学ほど学費は高い。アメリカの学生のほとんどは student loan（奨学金）などを活用し学費を自分で払う。一般的な学費は、コミュニティ・カレッジが約3500～1万米ドル、州立大学が約1万～2万2000米ドル、私立大学が約1万3000～3万米ドルである。

（出所：栄陽子留学研究所ホームページ http://www.ryugaku.com/basic/tuition.html）

(5) 一般教養教育

アメリカの大学では、メジャー（専攻）に入るために、まずは必修の教養科目を受講する。一般教養課程修了時（通常は2年次修了時）までに学部および学科を決定すれば良く、学部学科の変更も比較的容易である。一般教養課程では、すべての学部が学際的に連動していて、学生は幅広い領域から自分の興味のある科目を履修して、将来の専攻を決定できるようになっている。

参考文献

生田哲『あなたもアメリカの大学で学んでみたら―米国の大学・短大、上手な留学案内―』産能大学出版部、1995年。

上山隆大『アカデミック・キャピタリズムを超えて―アメリカの大学と科学研究の現在―』NTT出版、2010年。

潮木守一『アメリカの大学』講談社、1993年。

宮田由紀夫『アメリカにおける大学の地域貢献―産学連携の事例研究―』中央経済社、2009年。

矢澤修次郎、伊藤毅編『アメリカの研究大学・大学院―大学と社会の社会学的研究―』東信堂、2008年。

F・ルドルフ著、阿部美哉他訳『アメリカ大学史』玉川大学出版部、2003年。

渡部哲光『アメリカの大学事情』東海大学出版会、2000年。

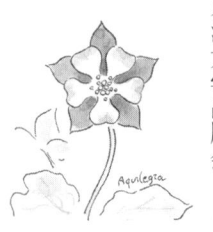

第 4 章
日本・ラテンアメリカ異文化交流と新教育モデル

(写真提供：FAAP大学)

FAAP大学

FAAPは、Fundacão Armando Alvares Penteado(アルマンド・アルバレス・ペンチアード)の略称です。ブラジル・サンパウロ市にある、約12,500人の学生を擁する名門私立大学です。1947年創立のVisual Art Schoolが大学に発展し、現在は、芸術学部、ビジネス学部、コミュニケーション学部、コンピュータサイエンス学部、経済学部、エンジニアリング学部、法学部の7学部が設置されています。

ビデオカンファレンス

ラテンアメリカ地域の大学との交流を進めるにあたって、遠距離で時差があり、季節も正反対というハンディを乗り越えるため、明治大学商学部では授業にビデオカンファレンスを組み込み、学生の相互理解を深めています。ラテンアメリカ地域の協定校との教育ネットワークを前提として、ビデオカンファレンスとフィールドトリップを組み合わせた「新たなビジネス教育モデル」が構築されつつあります。

ラプラタ国立大学

アルゼンチンの首都ブエノスアイレスから車で1時間ほどの閑静な街ラプラタ市に位置し、1905年に国立の総合大学として設立されました。17学部から構成され、ラプラタの街全体に学部ごとのキャンパスが点在し、合計で約89,000人の学生が学んでいます。このうち、法学・社会科学学部国際関係研究所内にはアジア・太平洋地域研究科日本研究センターがあり、アルゼンチンで最初に設立された日本に焦点を絞った研究と教育の拠点になっています。

ラテンアメリカの大学教育
～ブラジルとアルゼンチンを中心に～

(1) はじめに

第4章では、明治大学が2009年より続けているブラジルとアルゼンチンを中心としたラテンアメリカ地域との交流について紹介します。第3章までは、協定校を中心に、明治大学商学部と交流を続けている大学におけるビジネス教育について紹介してきました。第4章では、視点をかえて、明治大学商学部が現在推進している新たなビジネス教育の一端を紹介したいと思います。

なぜラテンアメリカと交流するのか？　そこには大きく2つの理由があります。1つ目は、英語圏に限定しない真のグローバル化を推進するため、2つ目は、BRICS（説明は後述）の1カ国であるブラジルを中心とした、ラテンアメリカ地域の将来性に注目したためです。

まずは、1つ目の理由から説明しましょう。明治大学はヨーロッパや北米、アジアなどの世界30カ国、100校以上の協定校との交流を続けています（明治大学の海外協定校については大学のホームページをご覧下さい。http://www.meiji.ac.jp/cip/univlist/

中林真理子

第4章　日本・ラテンアメリカ異文化交流と新教育モデル　156

index.html)。しかし、欧米とは学生の送り出し、アジアとは学生の受け入れを中心とした交流が主なもので、2009年時点ではラテンアメリカ地域に協定校すらありませんでした。学生のグローバル化の重要性は誰もが認識するところですが、「外国語＝英語」のイメージが定着してしまっていることも事実です。ラテンアメリカを中心に世界21カ国で公用語となっているスペイン語は、母国語とする人口は世界で3億2千万人から4億人、第2外国語としている人を含めれば5億人に達すると言われています。そして、見過ごされてきたラテンアメリカ地域に目を向けることにしました。そこで、日本とラテンアメリカは、地理的な距離は離れているものの、多くの面で交流を促進しやすい要因があることがわかってきました。

ラテンアメリカは、音楽やスポーツなど限られた分野については多くの日本人に認識されているようですが、実際にラテンアメリカ諸国を訪れる人はまだ少数で、ラテンアメリカの社会経済に対する理解はさほど高いとは言えません。そして、ラテンアメリカの人々は、家族主義的で人情にも厚く、日本人とかなり近いものがあることもあまり知られていないようです。また、ラテンアメリカには日本の戦後の急速な経済発展に敬意を払う国が多く、歴史的には日系人を通じた交流が盛んな国が多いことが特徴としてあげられます。

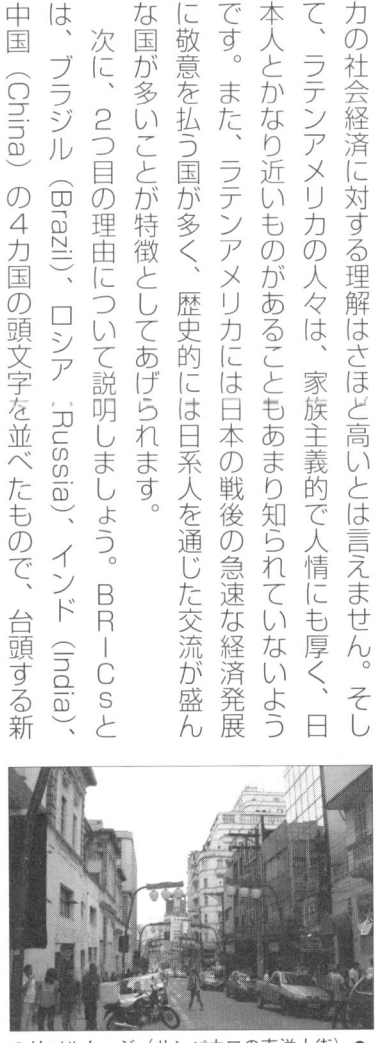

次に、2つ目の理由について説明しましょう。BRICsとは、ブラジル（Brazil）、ロシア（Russia）、インド（India）、中国（China）の4カ国の頭文字を並べたもので、台頭する新

●リベルタージ（サンパウロの東洋人街）

第1節　ラテンアメリカの大学教育

興大国を意味する造語です。中国が２０１０年に名目ＧＤＰ（米ドル換算）で日本を追い抜き世界第２位になりましたが、２０１１年にはブラジルは前年の７位から６位まで順位を上げています。「ブラジルは遠い」と、他の３カ国に比べ日本との関係が薄いという印象があります。しかし資源が豊富で、若年人口が多く、日系人も多く、近年急速に日本企業の進出が進んでいるブラジルに注目することは、今後活躍する学生たちの未来の可能性を広げることになります。また、ブラジルの公用語はポルトガル語ですが、これはスペイン語に限らず広く外国語に関心をもつことにつながります。

なお、本章で紹介する「日本・ラテンアメリカ異文化交流」の導入経緯や活動状況については、２０１１年に発行された《これが商学部シリーズ》の第２巻である明治大学商学部（編）『社会に飛びだす学生たち―地域・産学連携の文系モデル―』（同文舘出版）の第４章でも紹介しました。本章では、まずは、交流相手の大学とラテンアメリカの大学教育と、ラテンアメリカにおいて日本がビジネスの対象としてどのように研究されているかを紹介します。そのうえで、２０１１年の発行以降、明治大学「ラテンアメリカ異文化交流プログラム」がどのよう

● 明治大学商学部編《これが商学部シリーズ》Vol.2『社会に飛びだす学生たち』同文舘出版、2011年。カバーデザイン：鈴木弘 ●

第４章　日本・ラテンアメリカ異文化交流と新教育モデル　　158

COLUMN① 日系移民から「出稼ぎ」へ

　日本からラテンアメリカ諸国への移民は100年以上前から始まっています。世界最大の日系人居住地となったブラジルへの移民は1908年に始まり、現在では約150万人の日系人が生活しています。

　そして近年では逆に、ラテンアメリカ諸国から日本への「出稼ぎ」が盛んになり、1990年の出入国管理法の改正で3世までの日系人に「定住者」という在留資格が与えられるようになると、群馬県大泉町や、静岡県浜松市などの中部地方の工業都市では、多くの日系人が生活し、ラテンアメリカコミュニティが形成されています。しかし、2008年のリーマンショック以降は、このような労働者がリストラの対象となり帰国を余儀なくされ、新たな社会問題となっています。

COLUMN② 第2外国語としてスペイン語を学ぶことの意味

　大学生にとって第2外国語を学ぶことはなかなか容易なことではありません。何か明確な目標がない限り、残念ながら、単位修得に追われて、その場しのぎで終わってしまうことが多いようです。新入生に第2外国語の選択理由を聞くと「中国の将来性を感じるので中国語」といった答えをする学生が多いようですが、スペイン語が第2外国語に選ばれる理由は何でしょうか？「サッカーに関心があるから」、「スペインの文化に興味がある」といった理由が多いようですが、スペイン語を学ぶことでじつはラテンアメリカへの扉が開かれることはあまり意識されていないようです。また、国際機関等での勤務を希望する場合、英語を駆使できるのは当然で、さらにもう1言語以上に対応できないと採用は難しいのですが、そこでスペイン語を話せれば日本人としてはかなり優位に立つことができます。

　明治大学商学部では、1，2年生を主な対象として、年に1度、アメリカで国際機関に勤務する六浦特別招聘教授の来日時に、「ランチタイム・テルトゥーリャ」（昼休みミニ講演会『ラテンアメリカの魅力紹介 & 国際機関で働くためのアドヴァイス』）を実施し、スペイン語を学ぶことの意味を伝え、学習意欲の向上に役立てています。

●ランチタイム・テルトゥーリャ●

に発展し、新たなビジネス教育モデルとして定着しつつあるかを紹介します。

(2) 大学紹介

① ブラジルの名門私立大学FAAP

ブラジル地理統計院（Instituto Brasileiro de Geografia e Estatística：IBGE）のデータによると、2009年時点でブラジルでは20歳未満の人口が全体の33％を占めてい

第1節　ラテンアメリカの大学教育

ます。そして、近年急速な経済成長が続いていることから、大学（高等教育機関）数が急増し、2008年にはブラジルの大学数は2252校に達しています。1999年の1097校から、約10年で倍増しましたが、これは私立大学の増加に負うところが大きいようです。同期間に公立大学が192校から236校に増加した一方で、私立大学は905校から2016校に急増しています（アントニオ・デイシェラ国家教育研究院（INEP）調べ）。

このように新興の私立大学が急増するなかで、2009年より明治大学の海外協定校として交流を続けているFAAP大学は伝統校に位置づけられます（ちなみに、明治大学のブラジルのもう一校の海外協定校で、南米屈指の名門校である州立サンパウロ大学は、1934年設立です）。FAAPの正式名称はFundacão Armando Alvares Penteado（アルマンド アルバレス ペンチアド財団）です。同財団が1947年に設立したFine Arts Schoolが始まりで、1967年に最初の3学部（ビジュアルアーツ、コミュニケーション、工学）が設立され、現在は7学部（芸術、経営、コミュニケーション＝マーケティング、コンピュータ科学＝情報システム、経済、工学、ロースクール）に約1万2500人の学生が通う大学となりました。アートスクールから発展したという経緯から、伝統的に美術やファッション分野、さらにはマスコミ等にも多くの卒業生を輩出しています。

近年、明治大学商学部で積極的に取り組んでいるファッション・ビジネス教育に関連がある専攻としては、芸術学部のファッション・デザインコースがあり、London College of Fashion, University of the Arts Londonとのダブルディグリー（一定期間に複数の学位を取得できる履修形態）が可能です。同大学の博物館（Brazilian Art Museum

は、1961年に設立され、国際的に評価の高い展示会を数多く開催する本格的な設備を有しています。2011年8月にフィールドトリップで訪問した際は、Moda No Brasilと題して、ブラジルのファッション史の展示が行われていました。

さて、私たちが主に交流を続けているのは、経済学部国際関係学科です。同学科は「ブラジルのイメージを世界に発信できる人材育成」を目標に1998年に設立されました。同学科では、海外研修も盛んで、近隣諸国はもちろん、中国へのフィールドトリップも行われてきました。日本へのフィールドトリップは2011年に始まり、2012年には第2回目が実施され、明治大学商学部ではフィールドトリップ全般のスケジュールの決定や訪問先との交渉を支援しました。明治大学の学生は、フィールドトリップ参加者の滞在中における日常生活の面での支援やガイドも担当し、訪問先企業等へも明治大学の学生と教員が同行してサポートをすることにより交流を深めています。

② ラテンアメリカの高等教育の現状

国連ラテンアメリカ・カリブ経済委員会（Economic Commission for Latin America and the Caribbean：ECLAC、スペイン語表記ではLa Comisión Económica

●FAAP大学の博物館内での明治大学学生の活動風景●

第1節　ラテンアメリカの大学教育

ラテンアメリカ・カリブ海沿岸諸国の高等教育就学率の推移

国名	2000年	2004年	2005年	2006年	2007年	2008年	2009年	2010年
アンティグア・バーブーダ	—	—	—	—	—	—	14.9	16.4
アルゼンチン	53.1	65.4	64.0	67.1	66.7	68.7	—	—
バルバドス	40.6	—	—	—	57.2	—	71.6	65.9
ベリーズ	—	—	—	—	—	—	21.9	21.5
ボリビア	35.5	40.5	—	—	38.6	—	—	—
ブラジル	16.1	23.8	25.6	—	30.3	34.7	36.1	—
チリ	37.3	42.8	47.8	46.7	52.3	55.0	59.2	—
コロンビア	24.0	27.6	30.0	32.0	33.1	35.5	37.1	39.1
コスタリカ	—	25.7	25.6	—	—	—	—	—
キューバ	22.1	53.6	62.0	86.3	106.0	118.1	115.0	95.2
ドミニカ国	—	—	—	—	—	3.6	—	—
エクアドル	—	—	—	—	—	39.8	—	—
エルサルバドル	20.9	21.3	21.3	21.2	22.0	22.6	23.0	—
グレナダ	—	—	—	—	—	—	52.8	—
グアテマラ	—	—	—	—	—	17.8	—	—
ガイアナ	—	10.4	11.0	11.3	11.7	11.4	11.0	11.9
ホンジュラス	15.0	17.1	—	—	—	18.8	—	—
ジャマイカ	15.4	—	—	—	—	25.3	25.0	—
メキシコ	19.8	23.8	24.5	25.1	25.8	26.6	27.0	—
パナマ	43.9	45.3	43.8	44.6	44.6	44.7	44.6	—
パラグアイ	15.8	24.9	25.6	—	28.7	—	36.6	—
ペルー	—	33.7	33.7	35.0	—	—	—	—
ドミニカ共和国	—	34.0	—	—	—	—	—	—
セントクリストファー・ネーヴィス連邦	—	—	—	—	—	18.2	—	—
セントルシア	—	13.7	13.0	9.5	8.3	14.8	16.0	11.3
トリニダード・トバゴ	5.9	11.3	11.5	—	—	—	—	—
ウルグアイ	—	—	—	46.1	63.8	64.6	63.3	—
ベネズエラ	28.3	41.7	—	—	—	78.4	78.1	—
ラテンアメリカ・カリブ海諸国全体値	22.7	29.2	30.9	33.2	35.4	36.9	37.2	—

(出所：Economic Commission for Latin America and the Caribbean[ECLAC/CEPAL], *Statistical Yearbook for Latin America and the Caribbean*, 2011, p.53の表1.3.5から、ラテンアメリカ・カリブ諸国共同体［Centro de Estudios para America Latina y el Caribe:CELAC］に加盟している国を抜粋)

para América Latina：CEPAL）のレポートによると、ラテンアメリカ・カリブ海沿岸諸国の高等教育就学率（Gross Enrollment Rate in Third-Level Education）は2000年には地域全体で22・7％でしたが、2009年には37・2％に上昇しました。ブラジルでは同期間に16・1％から36・1％に上昇しました。2008年時点で日本が58％、アメリカ合衆国が83％であることを考えれば、まだまだ上昇の余地があると言えます。その他、後述するラプラタ国立大学

第4章 日本・ラテンアメリカ異文化交流と新教育モデル

ンチンは、2000年の53.1%から2008年には68.7%となるなど、ラテンアメリカのなかでも、国ごとに大きな違いがあります。しかし、経済格差がそのまま教育格差に直結し、格差社会をさらに深刻化させているのは各国共通の問題のようです。

ブラジルは面積と人口（1億9370万人）ともに南米大陸の約半分を占め、いずれも世界第5位です（ブラジル地理統計院調べ）、ブラジルの大学がこの地域の状況を代表するものとは限りません。ここで明治大学が海外協定校として交流を続けているラプラタ国立大学があるアルゼンチンの例を見てみましょう。アルゼンチンには115校の大学がありますが、国公立大学の比率が高くなっています。これら国公立大学は、ブラジル同様に無償です。歴史のある名門国立大学であるブエノスアイレス大学（1821年設立）、コルドバ国立大学（1613年設立）、ラプラタ国立大学（1905年設立）の3校に、学生と教職員はもちろん、資金的にも多くの資源が集中しています。大学の修学年数は4～6年で学部により異なります。学生の多くは中高所得層の出身ですが、働きながら大学に通うのが一般的で、修学年数4年の学部でも5～7年程度かけて卒業するのが一般的になっています。しかし、卒業後の就職環境は厳しく、名門ラプラタ国立大学ですら新卒学生が深刻な就職難に直面しています。

（Universidad Nacional de La Plata）があるアルゼ

●アルゼンチンの卒業式直後の風景●

第1節　ラテンアメリカの大学教育

③ ラテンアメリカにおける日本研究の現状（社会科学系）

前述のように、日本とラテンアメリカには、日系人を通じた長い交流の歴史があります。そうなると、ラテンアメリカでの日本研究が盛んに行われていることが予想されます。人文科学系についてはそのとおりで、サンパウロ大学には哲学学部に日本研究センター（Center for Japanese Studies）があり、リオデジャネイロ連邦大学でも、文化論や語学の研究が行われています。

それでは、社会科学の分野でも同様のことが言えるのでしょうか？　結論から言えば、必ずしもそうとは言えません。ラテンアメリカからの日本への関心が高まらないのは、地理的な理由だけではないようです。そこで、ラテンアメリカ地域における社会科学系（特にビジネス関係）での日本研究の現状について、日伯ビジネス関係研究の専門家である日系人研究者、アレシャンドラ・ウエハラ（Alexandra Uehara）先生（サンパウロ大学国際関係研究所 [Nucleo de Pesquisa em Relações Internacionais：NUPRI] 研究員、リオブランコ大学 [Faculdades Integradas Rio Branco] 教授）にお話を伺っ

●ウエハラ先生（右）とNUPRI研究員へのインタビュー●

●サンパウロ大学国際研究所（NUPRI）●

てみました。以下、その内容を紹介します。

かつてはラテンアメリカにおけるアジア研究と言えば、ほとんどが日本を研究対象としていました。しかし、2000年以降、対象が急速に韓国と中国にシフトしています。この理由としては、サムスンをはじめとした韓国企業がラテンアメリカ諸国でのプレゼンスを急速に拡大していることがあげられます。

従来の日本研究の主な担い手は日系人研究者でしたが、現在はこの分野での日系人研究者そのものが減っているようです。たとえば、ブラジルで日本について研究している研究者は140名程度で、さらに日伯ビジネス研究者となるとウエハラ先生を含めて3、4名程度で、そのうちの半分がサンパウロ大学の研究者です。サンパウロ大学内でも、社会科学系の国際関係研究所と人文科学系の日本研究センターの交流はあまり盛んではなく、お互いが主催するイベントに参加する程度だそうです。また、歴史専攻のなかでアジア研究の分野がありますが、ここでも主な研究対象領域はロシアだそうです。国際関係研究所では20名程度の学生が当初は日本での研究に関心を示していましたが、奨学金が得られず、結局中国に留学したといった話も伺いました。

それでは、ここ10年ほどで、ラテンアメリカにおいて日本のプレゼンスが急速に低下した理由について考えてみましょう。たとえば、携帯電話については、日本企業は、10年前にブラジルをすでに将来有望な市場と判断する一方で、その時点で参入することのリスクを短期的な視点で判断し、参入をためらっていました。その一方で、韓国勢は長期的視野で大量の資金を投入し、マーケットシェアを確固たるものにしました。その結果、いまでは日本企業に参入の余地がない状態になっています。このように、日本企業がリスクをと

りたがらないことに関しては、ブラジルで活動する日系企業の方々や、ブラジル日本商工会議所でも同様の指摘がきかれました。

以上のように、日本がアジアや北米との関係を重視している間に、日系人から始まった日本とラテンアメリカの友好関係が薄れ、それがそのまま研究にも表れているのが現状のようです。しかし、そのような中、意外な場所で日本に熱い視線を注いでくれる大学に出会いました。それが次に紹介するアルゼンチンのラプラタ国立大学です。

④ ラプラタ国立大学

ラプラタ国立大学は首都ブエノスアイレスから50キロほどの閑静な地方都市ラプラタ市に位置しています。人文・教育学部、美術学部、経済学部、法学・社会科学学部、情報科学部、メディア・社会コミュニケーション学部、理学部、天文・地球物理学部、心理学学部、自然科学部、建築・都市工学部、工学部、農林学部、獣医学部、医学部、歯科学部、社会福祉学部の計17学部から構成され、ラテンアメリカでもトップクラスの実力をもつ大学です。ラプラタの街全体に学部ごとのキャンパスが点在しており、約8万9

● ラプラタ国立大学の日本研究センター● 　　● ラプラタ国立大学の本部●

第4章　日本・ラテンアメリカ異文化交流と新教育モデル

COLUMN③　ラプラタ盆踊り

　アルゼンチンで日系人最大のイベントと言えば、何と言っても「ラプラタ盆踊り」です。もともとはラプラタ日本語学校を維持するために13年前から始まったこの祭りは年々人気が高まり、遂に地元の州政府公認の祭に指定されるほどの一大イベントになりました。

　2013年1月に開催されたお祭りは1万人を超える来場者で大変な賑わいで、日系人のみならず日本文化に関心をもつ現地の人々の恒例行事の1つとなっています。会場は首都ブエノスアイレスから約80キロ南にある日系移民の多いラプラタ郡のウルキッサ日系移住地にある日本人会運動場で行われ、盆踊りのほかに、日本人・アルゼンチン人合同の迫力満点の太鼓ショーや打ち上花火で大いに盛り上がりました。会場には、日本食（焼き鳥、寿司、たこ焼き、焼きそばなど）や、日本のグッズ、そして金魚すくいなど数多くの露店が出店し、2ヘクタールある広大な敷地が多くの客でごった返して立錐の余地もないほどで、どのお店も長蛇の列ができてとにかく大変な混みようでした。

　アルゼンチンと言えば、何と言ってもタンゴに関連したダンスやミュージックが伝統的ですが、その彼らが東京音頭を生き生きと踊る姿には深い感動を覚えました。踊りを知らなくても次々に輪に参加して身体を動かし、踊りも後半になると、本来のゆったりとしたステップだけではなく、ジャンプを交えたラテン式盆踊りに進化してゆき、思わずこちらもエキゾティックなリズムに乗せられてしまいました。また、会場には浴衣姿の地元の家族連れが多くみられ、このイベントがいかにアルゼンチンの人々に愛されているかを実感しました。もちろん、主催者の日系人の方々の大変なご尽力も忘れてはなりません。

　このように地球の反対側に位置するアルゼンチンで日本の伝統行事を大いにエンジョイし、日本をより親しく感じてもらうことは、グローバル社会にとっては大変良いことで、このような草の根の国際交流を通じた日本とラテンアメリカ社会における相互理解の重要性を改めて認識しました。Vamos a bailar en La Plata!（ラプラタで踊りましょう）。

（執筆協力：六浦吾朗〔米州開発銀行、明治大学商学部特別招聘教授〕）

●ラプラタ国立大学のホルヘ・ディマッシ教授●

Thank you Jorge. We remember you.

000人の学生が学んでいます。ラテンアメリカの近隣諸国やスペインなど、スペイン語圏を中心に多くの留学生も学んでいます。

ラプラタ国立大学の日本研究センターは、1998年に法学・社会科学学部国際関係研究所アジア・太平洋地域研究科内に設立されました。同研究科は、アルゼンチンにおいてアジア太平洋地域に関する専門的な研究を行う最初の研究科として設立され、現在は、法学、政治学、経済学、社会学、人文科学などのさまざまな分野の専門家15名が研究と指導にあたっています。そして、日本研究センターは、地域全体の俯瞰的なアプローチに加え、国別またはサブリージョナルな研究を行う体制をつくり、その一環として設立されました。2012年に実施されたラプラタ国立大学から日本へのフィールドトリップの際には、同研究科の設立に大きく寄与した研究科長ホルヘ・ディマッシ（Jorge Di Masi）教授がリーダーとして学生15名を引率しました。同教授は、アジア太平洋地域の国際関係に関する著名な研究者ですが、アメリカのUCバークレー校の米韓関係の研究者と協力して、カリフォルニアとラプラタを毎週つないだビデオカンファレンス形式の授業を行うなど、教育者としても、先進的な挑戦を始めました。同教授は2012年末に不慮の事故で急逝されましたが、その遺志は確実に受け継がれています。

アジア・太平洋地域研究科における日本研究活動は、アルゼンチン国内の専門家と共同で、日本の研究者や政府関係者の支援を得て講演や講義を行うとともに、マスターコースでの研究指導も行っています。また、日本研究センターが目指す地域研究では、日本とのビジネスや日本に対する広い関心に応えられるよう、政府機関や日本企業との交流の場を設定して、日本語を含む日本文化についての情報提供なども行っています。

第4章　日本・ラテンアメリカ異文化交流と新教育モデル　168

日本・ラテンアメリカ異文化交流プログラムの特徴
～「新たなビジネス教育モデル」の構築に向けて～

(1) はじめに

明治大学ラテンアメリカ異文化交流プログラムは、2009年に始まりました。本プログラムでは、明治大学のラテンアメリカ地域の海外協定校との間で、ビデオカンファレンスとフィールドトリップによる相互訪問を主体とした交流を行い、将来日本とラテンアメリカの国際的な橋渡しに貢献する人材を育成することを目的としています。明治大学の学生に対しては、次の3段階でプログラムを進行していきます。

第1段階では、ラテンアメリカの特定の国におけるプロポーザルの発案と実践とに区分されます。また、ブラジル、アルゼンチン、メキシコ、ウルグアイの各国の協定大学の学生には、ビデオカンファレンスやSNSを通じて明治大学の学生と交流を行ったうえで来日し、明治大学の学生の全面的な支援を受けながら、日本文化に触れたり、企業等を訪問することで、日本への理解を深めてもらいます。そして、この

ヘリオ・ネト

ような活動のプロセスを広く社会に情報発信することで、日本とラテンアメリカの将来的な安定したパートナーシップの構築につなげる、というより大きな目標を掲げています。

本プログラムは、次に紹介する特別テーマ実践科目「ラテンアメリカの開発支援とボランティア」シリーズをベースに進行しています。

ここでは、二〇一一年以降の同科目を通じたプログラムの進捗状況について、FAAP大学のヘリオ・ネト教授にご協力をいただきながら報告します（二〇一〇年までの活動については、明治大学商学部（編）『社会に飛びだす学生たち―地域・産学連携の文系モデル―』（同文舘出版）の第4章をご覧下さい）。

（2）特別テーマ実践科目「ラテンアメリカの開発支援とボランティア」シリーズ

この科目は従来の大学の典型的な授業とは大きく異なり、学生の主体的な活動が求められます。主な特徴としては、①国際機関の最前線で働く講師とコーディネーターのコラボレーション、②ビデオカンファレンスとフィールドトリップの相乗効果（ラテンアメリカの学生とのビデオカンファレンス、ラテンアメリカへのフィールドトリップ、ラテンアメリカからの来日学生の支援などにより、ラテンアメリカへの理解を深める）、③授業のまとめとしての、受講生による開発支援のプロポーザルの報告があげられます。

続いて、それぞれの特徴について述べていきます。

① 国際機関の最前線で働く講師とコーディネーターのコラボレーション

ラテンアメリカの開発支援の最前線で活動する日本人は存在しても、その実情を日本の

> **COLUMN①** 「ラテンアメリカの開発支援とボランティア」シリーズの設置状況

　2009年から導入された「ラテンアメリカの開発支援とボランティア」シリーズは、2009年は前期のみ、2010年は前・後期に設置されました。2011年以降は、それぞれの年の達成目標に応じて少しずつ名称を修正しながら今日に至っています。

・2011年　特別テーマ実践科目C「Joint Study with Brazilian Students for Mutual Understanding of Cultural Difference and Social and Economic Development of Latin America」、D「ラテンアメリカの開発支援とボランティア（Study of Social and Economic Development in Latin American Countries and Videoconference with Brazilian Students）」（前期のみ）

・2012年　特別テーマ実践科目C「ラテンアメリカ異文化体験コース」、D「明治大学ラテンアメリカ異文化交流プログラムとボランティアプログラム」

・2013年（設置予定）　特別テーマ実践科目C「Cross-Cultural Experience and Communication of Latin America and the Caribbean (LAC)」、D「Advanced Study of Social and Economic Development in Latin America and Caribbean (LAC) Region」

　教育現場でリアルタイムで伝えて下さる方にはめったにお目にかかれません。しかし学生に「ラテンアメリカの実情を知り、現状を打開するための力になりたい」という強力なインセンティブを与えるためには、このような「ナマの声」を届けることが必要です。

　そこで、2010年度から明治大学商学部特別招聘教授を兼務する国際機関勤務の六浦吾朗先生が、勤務先のアメリカから、テレビ会議システムを用いて学生に語りかけるという臨場感あふれる講義を実施しています。この形式の講義を実施するためには、コーディネーターになる教員との授業の事前事後の綿密な打ち合わせ、安定した通信環境を維持するためのユビキタス教育支援事務室の全面的な協力が不可欠です。2012年度からテレビ会議システムを常設する教室での授業が可能になり、この環境が確保できました。さらに、この遠隔授業を実践するうえで大きな障壁になるのは時差の問題です。現在は日本の午前中とアメリカ東海岸の深夜を結んでの授業を行っています。これら授業実施までの苦労を知ることも、学生の国際感覚を磨くことにつながっています。

② ビデオカンファレンスとフィールドトリップの相乗効果

ラテンアメリカの大学生との最初のビデオカンファレンスは2009年6月に実施されました。まずは、ブラジルのFAAP大学経済学部のヘリオ・ネト教授をパートナーにし、お互いのクラスの学生同士のビデオカンファレンスを計画しました。少しでも円滑で有意義な議論が行えるよう、ネト教授、明治大学商学部の中林教授、前出のワシントンDC在住の明治大学商学部六浦特別招聘教授の3名で、eメールやスカイプ（Skype）等を通じてテーマの絞り込みなど、事前の打ち合わせを何度も行いました。しかし当初は、お互い自己紹介がやっとで、相互に議論をするまでに至りませんでした。回を重ねるごとに深い議論ができるようになり、また、カンファレンス前後のFacebook等のSNSを通じた交流も定着してきました。

そして2011年からは、さらに、相互理解を深めるためのフィールドトリップが始まりました。ネト教授の引率のもと、2011年は12名、2012年は6名の受講生が日本へのフィールドトリップのために来日しました。また、日本からは中林教授の引率で、

●ビデオカンファレンスに参加する明治大学の学生（上の写真）とラプラタ国立大学大学の学生（下の写真）●

第4章　日本・ラテンアメリカ異文化交流と新教育モデル　172

COLUMN②　明治大学商学部HPからの情報発信

　明治大学ラテンアメリカ異文化交流プログラムでは、ビデオカンファレンス終了後を中心に、2009年度に1回、2010年度は2回、2011年度は3回、2012年度は3回（2013年1月時点）活動報告を掲載しています。ホームページを通じた情報発信は、日本でラテンアメリカへの関心を高めてもらううえで重要な活動の1つです。これまでの10回の記事は、明治大学商学部HP内の「ニュース」(http://www.meiji.ac.jp/shogaku/index.html#tab1)からアクセスできます。

フィールドトリップに参加する明治大学の学生

●リオデジャネイロのキリスト像の前にて●

●サンパウロのファベイラ（貧困街）にて●

●ワシントンD.C.の世界銀行本部でレクチャーを受ける学生●

　2011年は7名、2012年は10名の受講生がラテンアメリカへのフィールドトリップに参加しました。フィールドトリップの前後にビデオカンファレンスを実施し、学生同士の事前の顔合わせをすることで、より効率良く効果的なフィールドトリップができる体制が確立してきました。そして、2012年からはブラジルに加えて、アルゼンチンとのビデオカンファレンスとフィールドトリップを通じた交流が始まりました。

　明治大学ラテンアメリカ異文化交流プログラムでは、フィールドトリップなど大きな行

第2節　日本・ラテンアメリカ異文化交流プログラムの特徴

事が終わった直後には、明治大学商学部ホームページで活動報告を行うことで、情報発信を続けています。

③ 受講生による開発支援のプロポーザルの報告

ビデオカンファレンスやフィールドトリップに対する理解を深めるためのものです。そこで、受講生がこの授業を通して得たことを整理し、最大限に活用して広く発信するため、授業の最後には、グループを組んで、ラテンアメリカにおける開発支援のプロポーザルを作成し、特別テーマ実践科目成果報告会で発表しています。2012年度は、3チームに分かれ、「ペルーの算数教育プログラム」、「文化移転―ニャンデゥティ（パラグアイの伝統工芸品）から始まる持続的パートナーシップの構築―」、「フュージョン料理ｆｏｒアルゼンチン」と題した報告を行いました。このうち、「フュージョン料理ｆｏｒアルゼンチン」については、次に紹介するCOPANI2013での報告と実演を目指してさらに活動中です。

(3) COPANI（パンアメリカン日系人大会）への参加〜日系社会を通じたアプローチ〜

① COPANI2011への参加

日系移民たちは、世界各地で日系人会を形成し活動を続けてきています。ここで紹介するCOPANIは Convencion Panamericana Nikkei の略字で、日本語ではパンアメリカン日系人大会と訳されます。このCOPANIはAPN（Pan-American Nikkei Association：パンアメリカン日系人協会）によって、2年に1度、加盟国のいずれかの国

第4章　日本・ラテンアメリカ異文化交流と新教育モデル　174

で開催されるイベントで、北・中・南米の日系人を中心に、世界から日系人が集合する最大規模の日系人大会です。APN（パンアメリカン日系人協会）は1981年にメキシコで始まり、そのサンフランシスコやメキシコ在住の創設者たちが、国境を越えて国際的に日系人との交流を深める目的で始まったと言われています。日系社会における日系人同士の確執や、現地社会にいかに溶け込んでいくかといったさまざまな問題について問題意識を共有し、議論し、解決策を見出すことを目指しています。また、日系人も3世以降は日本とのつながりが急速に薄れ、日系人としてのアイデンティティを模索する状況が続いて

COLUMN③　COPANIの開催地一覧

第1回大会	1981年	メキシコ（メキシコシティー）
第2回大会	1983年	ペルー（リマ）
第3回大会	1985年	ブラジル（サンパウロ）
第4回大会	1987年	アルゼンチン（ブエノスアイレス）
第5回大会	1989年	アメリカ合衆国（ロサンゼルス）
第6回大会	1991年	パラグアイ（アスンシオン）
第7回大会	1993年	カナダ（バンクーバー）
第8回大会	1995年	ペルー（リマ）
第9回大会	1997年	メキシコ（メキシコシティー）
第10回大会	1999年	チリ（サンチアゴ）
第11回大会	2001年	アメリカ合衆国（ニューヨーク）
第12回大会	2003年	ボリビア（サンタクルス）
第13回大会	2005年	カナダ（バンクーバー）
第14回大会	2007年	ブラジル（サンパウロ）
第15回大会	2009年	ウルグアイ（モンテビデオ）
第16回大会	2011年	メキシコ（カンクン）
第17回大会	2013年	アルゼンチン（ブエノスアイレス）

COLUMN④　さまざまな日系人会

世界にはさまざまな日系人協会が存在します。アメリカ大陸にはAPN以外にも日系人会が存在します。世界最大の日系社会を有するブラジルのサンパウロには、ブラジル日本文化福祉協会、サンパウロ日伯援護協会、ブラジル都道府県人会連合会の各事務所がある他、各県人会、日系福祉団体、日系文化団体の事務所が集中しています。これだけ多様な団体が存在していることは、日系人のつながりが深い半面、各団体間には一本化できない、さまざまな事情が存在することを示しています。

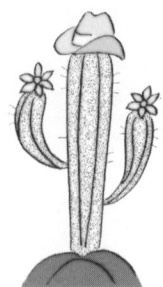

COPANI2011のプログラム（抜粋）

XVI COPANI PROGRAM
"Because been Nikkei is not to be different, but to be the one who makes the difference."

DATE	TIME	PLACE-ACTIVITY
WEDNESDAY 31		
	ALL DAY	Participants Arrival Airport-Hotel Transportation Check in
THURSDAY 01		
	08:30-13:00	Registration
	09:00-11:30	APN Delegates Assembly
	12:00-12:30	Official Opening
	13:00-14:00	Main Conference
	14:00-18:30	Lunch and Free Afternoon.
	18:30-22:00	Welcome Dinner
FRIDAY 02		
	07:00-08:00	Breakfast
	08:00-09:45	Workshops
	09:45-10:00	Coffee Break
	10:00-12:00	Workshops
	12:00-13:00	Lunch
	13:00-14:30	To XCARET
	14:30-19:00	XCARET
	19:00-20:30	To Hotel
	20:30-22:00	Dinner in Hotel
SATURDAY 03		
	07:00-08:00	Breakfast
	08:00-09:30	Workshop Conclusions
	09:30-09:45	Coffee Break
	09:45-11:00	Workshop Conclusions Report
	11:00-14:00	KARAOKE
	14:00-15:30	Lunch
	15:30-18:00	Getting ready for Sayonara Party.
	18:00-23:00	Sayonara Party-Isla Mujeres. Awards Delivery Closing Ceremony
SUNDAY 04		
	ALL DAY	Participants Departure Check out Hotel-Airport Transportation

PANAMERICAN NIKKEI ASOCIATION YOUTH

Requirements:
Participants in the Youth Program should:
▶ Between 15 to 30 years old.

YOUTH PLAN PROGRAM

DATE	TIME	PLACE-ACTIVITY
WEDNESDAY 31		
	TODO EL DIA	Participants Arrival Airport-Hotel Transportation Check in
THURSDAY 1		
	08:30-13:00	Registration
	09:00-11:30	APN Delegates Assembly
	12:00-12:30	Official opening
	13:00-14:30	Main Conference
	14:30-16:00	Lunch and Free Afternoon.
	19:00-22:00	Welcome Dinner
FRIDAY 2		
	07:00-08:00	Breakfast
	08:00-10:00	Workshops
	10:00-10:15	Coffee Break
	10:15-12:00	Workshops
	12:00-13:00	Lunch
	13:00-14:30	To XCARET
	14:30-19:00	XCARET Rally
	19:00-20:30	To Hotel
	20:30-22:00	Dinner in Hotel
SATURDAY 3		
	07:00-08:00	Breakfast
	08:00-09:00	Workshop Conclusions
	09:00-09:45	Cultural Presentations / NYN – Part 1
	09:45-11:00	Workshop Conclusions Report
	11:00-12:00	Cultural Presentations / NYN – Part 2
	12:00-14:00	NYN 2010 Nihon – Follow Up NYN 2011 Cancun.
	14:00-15:00	Lunch
	15:00-16:30	Exchanges Presentation
	18:00-23:00	Sayonara Party. Awards Delivery Closing Ceremony
SUNDAY 4		
		Participants Departure Check out Hotel-Airport Transportation

（資料提供：パンアメリカン日系人協会）

ラテンアメリカとのビデオカンファレンスを超えた実際の人的交流を深めるうえで、最初の接点として日系社会を通じた交流を考えました。そして、2年に1度開催されるCO-いることを受け、ユースプログラム（Youth Program）も導入し、若い世代の日系人の交流を活性化することも大きな目標となっています。

第4章　日本・ラテンアメリカ異文化交流と新教育モデル

● COPANI2013に向けたビデオメッセージを作成する学生 ●

PANIの存在を知り、そこに参加することを目標に活動を始めました。最終的には、2011年8月31日から9月2日までメキシコのカンクンで開催された第16回COPANIに6名の明治大学の学生が参加し、日系人ではない日本の大学生がはじめてワークショップ（workshop）でプレゼンテーションを行う機会に恵まれました。この報告に至る過程で、私たちは、日系社会が直面する問題を垣間見ることになり、改めて、日本からラテンアメリカに向けて発信することの重要性を実感することになりました。

② COPANI2013に向けた準備状況

COPANI2013は2013年9月12日から14日までアルゼンチンのブエノスアイレスで開催されます。2011年の大会が終わって以降、明治大学の学生がCOPANI2013に参加し、COPANI2011で行ったワークショップでのプレゼンテーションを上回るより積極的な関与ができるよう、活動を続けています。

2012年3月には、COPANI2011に参加した学生たちが、自分たちが多くのことを学んだCOPANIの素晴らしさを伝え、さらにより多くの人に参加してもらいたいという想いから、ビデオメッセージを作成し、ユーチューブ（Youtube）にアップしました（http://www.youtube.com/watch?v=yIVi9EIQiZg）。

このビデオには、明治大学関係者だけでなく、交流を続けている日系チリ人の打村明さんや、同じくCOPANI2011に参加した名城大学の学生も参加しています。

また、COPANI2013では、CCPANI2011のように単に既存のワークショップでプレゼ

ンテーションを行うだけでなく、前述の２０１２年度特別テーマ実践科目成果報告会で紹介した日本とアルゼンチンのフュージョン料理を紹介するブースを出展し、特に若い世代の日系人を中心に、食を通じて日本への関心を深める機会を提供することを計画中です。現在、ブエノスアイレスの日系協会（Centro Nikkei）内のCOPANI2013実行委員会のメンバーと連絡を取り合いながら、計画実現に向けて活動中です。

（4）おわりに

本章で紹介したラテンアメリカとの交流はまだまだ始まったばかりです。ビデオカンファレンスから始まったラテンアメリカとの交流は、当初は地理的ハンディを克服するために発案した苦肉の策でした。しかし、ビデオカンファレンス等が定着するにつれ、「ラテンアメリカ地域の協定校との教育ネットワークを前提として、ビデオカンファレンスとフィールドトリップを組み合わせた「新たなビジネス教育」としての可能性が広がっています。

今後も、この新たなビジネス教育モデルをさらに進化させながら、ラテンアメリカの中心地であるブラジルのサンパウロを拠点に、アンデス地域やカリブ海沿岸諸国を含めた広域にわたるラテンアメリカ異文化交流プログラムを展開していく予定です。

ビデオカンファレンスに欠かせないテレビ会議システムは日々進化し、またユビキタス教育支援事務室を中心とした学内の支援体制も強化されています。この新たなビジネス教育モデルを用いれば、ラテンアメリカ以外の既存の協定校との交流を再活性化させることもできるはずです。また、今後、アフリカ諸国など、協定校のネットワークを広げる際に

も、この教育モデルを議論のたたき台として交流計画を発展させることもできるでしょう。

もちろん、この新たなビジネス教育モデルは明治大学とラテンアメリカ諸国の間に限られたものではありません。世界中の大学に発信可能な普遍性のあるモデルに発展させる意気込みで今後も活動を続けます。

第2節　日本・ラテンアメリカ異文化交流プログラムの特徴

INFORMATION

ブラジルの大学事情

(1) 教育の特徴

大学の建設は1930年代のヴァルガス大統領の時代に既存の専門学校の改変を軸にして重点的に行われたが、高等教育の歴史は比較的浅い。高等教育機関の在学者数は、1980年が140万人、1995年でも170万人程度にとどまっていた。しかし、その後急増して、2003年には400万人へと倍増している。この増加の多くは私立の高等教育機関によるものであるが、中等教育と同様に、夜間コースの履修者が多く、全体の6割近くを占めていて、そのうちの8割が私立機関で働きながら教育を受けている。

(2) 大学の種類と開設数・学期

総合大学としてのUniversidadesは公立大学と私立大学に分けられ、公立大学はさらに連邦大学、州立大学、市立大学に分けられる。このほかに専門大学、大学センター、高等技術教育センター、統合学部、単科学部、高等教育学院などと呼ばれる高等教育機関がある。また少なくとも5つのバーチャル大学がある。主な公立大学としては、リオデジャネイロ連邦大学、パラナ連邦大学、サンパウロ連邦大学、サンパウロ大学などがあげられる。私立大学ではサンパウロ州のマッケンジー大学のレベルが高い。

(3) 入試制度

大学に入学するためには、"Vestibular"と呼ばれる試験を受ける必要があり、難易度、競争率がかなり高い。近年は大学受験競争が過熱化してきている。国立を含む公立大学は一般にアクセス、施設、設備、教育の質などが優れているうえに、学費が無償であることもあって多くの学生が国立、州立大学を目指している。しかし現実には、その競争率は非常に高く、裕福な人々しか通えない優秀な私立学校やpre-vestibularと呼ばれる予備校へ行かなければ国立大学の合格は困難となっている。そのため、富裕な人々が学費無償で国家の教育予算の多くを占める国立大学を独占し、貧困階層は学費の高い私立大学に行かなくてはならないという

第4章 日本・ラテンアメリカ異文化交流と新教育モデル　　*180*

矛盾が指摘されている。

(4) **学費**

国立、州立、市町村立の教育機関は無料で、私立は有料である。国民に提供する教育に対しては、あらゆるレベルで連邦政府が技術支援と資金支援を提供している。ブラジルのすべての州が、少なくとも1つの連邦大学を擁している。2004年に発動した「全国民向け大学教育提供プログラム」を通じて多くの低所得層の若者に奨学金を支給することによって学費の全額免除もしくは部分免除で高等教育の機会を提供している。

参考文献

江原裕美編『国際移動と教育―東アジアと欧米諸国の国際移民をめぐる現状と課題』明石書店、2011年。

グスタボ・アンドラーデ編『ラテンアメリカの大学―歴史と現状―』上智大学イベロアメリカ研究所、1993年。

前山隆『異文化接触とアイデンティティ―ブラジル社会と日系人―』御茶の水書房、2001年。

丸山浩明編『ブラジル日本移民―百年の軌跡―』明石書店、2010年。

留学前のスケジュールの一例

留学の1年半以上前	留学の約1年前 8～9月出発：留学前年の10～11月下旬頃 2～3月出発：留学前年の5～6月下旬頃
【協定留学・認定留学】 **留学の目的を明確化しよう！** あなたの留学目的は明確ですか？　以下のチェックリストを利用して自分なりの留学計画を作り上げて下さい。 □なぜ、いま留学をする必要があるのですか？ □どんな形態（協定・認定・語学留学 等々）で留学をしたいですか？ □どこ（国・地域・学校）に留学をしますか？ □いつ留学をしますか？ □留学先で何を勉強するのか決まっていますか？ □出願締切には間に合いますか？ □必要な語学力は足りていますか？ □家族の理解・同意は得ていますか？ □指導教授等に留学の相談をしていますか？ □留学経験を、どのように将来に活かすことができますか？ □留学後就職活動をする人は、留学時期との兼ね合いについて具体的に考えていますか？ □留学後、進学する人は、出願期間や手続きについて調べていますか？ （留学情報収集）　（学力・語学力UP）　（財政能力の確認） ※協定留学で、語学能力基準が設けられている協定校へ出願する場合は、学内選考への応募時に語学能力証明書を提出する必要があります。 ※特に英語圏の協定校に出願する方は、TOEFL等の英語能力証明書提出が必須ですのでご注意下さい。	**【協定留学】** 協定留学学内選考応募期間 ※この時点で語学能力証明書提出必須 　（協定校が定めている場合のみ） ［募集時期］ ●英・仏・独・中・伊・ロシア・その他： 　10～11月（留学出発は翌年8～9月頃。 　独イエナ大学のみ翌年4月出発もあり。） ●オーストラリア・韓国・南アフリカ： 　5～6月（留学出発は翌年2～3月頃） **【認定留学】** 留学先機関の定める語学能力 試験の受験・スコアを取得・ 留学先大学へ願書請求

留学の約9～5カ月前 8～9月出発：留学する年の1～4月頃 2～3月出発：留学前年の11～12月頃	留学の約3～1カ月前 8～9月出発：留学する年の5～8月頃 2～3月出発：留学前年の12月～留学する年の2月頃
【協定留学】 学内選考合格者は協定校へ出願準備 ［出願書類の一例（協定留学）］ □所定の申請書　□成績証明書 □推薦状　　　　□学習計画書 □財政能力証明書　など **【認定留学】** 出願準備 ※留学先機関により出願書類・出願締切が異なりますので、出願する機関の指示に従って下さい。 ［出願書類の一例（認定留学）］ □所定の申請書　□成績証明書 □健康診断書　　□財政能力証明書 □推薦状　　　　□エッセイ　など	留学先大学から入学許可書到着 ※留学先機関の入学審査に合格すると、入学許可書が送付されてきます。 所属学部・研究科における手続き ※所属学部教授会・研究科委員会・研究科教授会から留学の承認を得る。 渡航準備 □留学先国のビザ申請 □航空券手配 □外貨購入・送金手続き □海外旅行保険加入 □自治体などでの公的手続き　など

※上記は明治大学の2012年度の事例です（各大学・年度により異なりますので、ご注意下さい）。
（出所：明治大学国際教育センター『2012年度版 海外留学の手引き』［抜粋］）

あとがき
～国際派ビジネス・パーソンを目指すあなたへ～

本書は、明治大学商学部がこれまでに開催してきた国際シンポジウムや海外協定校との留学生交流の成果を踏まえて、世界の大学事情、とりわけ世界の大学におけるビジネス教育の一端を、読者の皆さんにわかりやすく紹介することを目的としております。

《これが商学部シリーズ》の第1巻では商学部の最新の教育内容を紹介しました。続く第2巻では商学部が取り組んでいる産学連携や社会連携の最前線を紹介してきました。そして第3巻ではビジネス研究の最前線を紹介してきました。そして今回の第4巻では、海外12大学の事例に即して、ビジネス教育の最新事情を紹介しています。

2020年を目処に30万人の留学生の受入れを目指す「留学生30万人計画」が2008年7月に策定され、その翌年には「国際化拠点整備事業（グローバル30）」がスタートしました。しかし、その後、行政刷新会議による事業仕分けの結果を受けて、グローバル30は"大学の国際化のためのネットワーク形成推進事業"へと修正・再編されましたが、いずれにせよ、グローバル30に採択された13大学は、この間、大学全体として国際化を戦略的に展開してきております。また、それとは別に2012年には、グローバル人材育成推進事業、大学の世界展開力強化事業、さらには短期の留学生交流支援制度などが文部科学省によって矢継ぎ早に発表され、わが国でもようやく多くの大学が国際化に向けて動きつつあります。

このような状況のもとで、今後わが国の大学や学部は、それぞれどのような方針にもとづいて国際化を追求していくべきなのでしょうか。海外の大学との学術交流や大学間連携はどうあるべきなのでしょうか。本書で

183　あとがき

は「世界の大学の先端的ビジネス教育」を、以上のような問題意識にもとづいて紹介しました。本書は、以上の問いに対する答えではなく、あくまでも情報提供に過ぎませんが、読者の皆さんには、本書の情報を参考にして、大学教育とりわけビジネス教育のあり方を国際的な視点で捉え、たんなる語学留学の枠を超えて、よりグローバルなネットワークのなかでの勉学に挑戦していただければと願う次第であります。

最後に、本書の刊行に際しては、同文舘出版の中島治久社長に格別のご理解を賜りました。心よりお礼申し上げます。なお、編集に関しては、同社編集部の角田貴信氏に大変お世話になりました。《これが商学部シリーズ》第1巻から第4巻に至るまで、全巻にわたって年越しのタイトな追い込み作業をお願いすることとなってしまいました。加えて今回も執筆陣の要望と足並みの乱れに寛大に対応していただき、深く感謝申し上げます。また、第1巻からイラストの作成をお願いしてきている大竹美佳さんには、今回も大変お世話になりました。余人を以て代え難いその的確な仕事ぶりに、改めて謝意を表する次第であります。

2013年2月

明治大学　商学部長

横井勝彦

＜執筆者・編集担当者一覧＞

執筆者 （執筆順）

篠原　敏彦（Toshihiko Shinohara）明治大学商学部教授　序
関　　孝哉（Takaya Seki）明治大学商学部特任講師　第１章 第１節
ティム・ゴイトケ（Tim Thomas Goydke）ブレーメン経済工科大学教授　第１章 第２節
ロランス・ランベール（Laurence Lambert）レンヌ商科大学国際教育センター長　第１章 第３節
パトリス・ドゥ・プラス（Patrice de Place）モダール・インターナショナル学院校長　第２章 第１節
ガシューシャ・クレッツ（Gachoucha Kretz）パリ商業高等大学教授　第２章 第２節
楊　　以雄（Yi Xiong Yang）東華大学服装・芸術設計学院教授　第２章 第３節
ケイ・マクマホン（Kay McMahon）クイーンズランド工科大学講師　第２章 第４節
町田　一兵（Ippei Machida）明治大学商学部専任講師　第３章 第１節
ソルーシュ・サグヒリ（Soroosh Saghiri）クランフィールド大学教授　第３章 第２節
ブレンダ・スターンクィスト（Brenda Sternquist）ミシガン州立大学教授　第３章 第３節
中林真理子（Mariko Nakabayashi）明治大学商学部教授　第４章 第１節・第４章 第２節
ヘリオ・ネト（Helio Neto）FAAP大学教授　第４章 第２節（執筆協力）
飯田　　恵（Megumi Handa）明治大学商学部嘱託職員　各国の大学事情（各章末）
横井　勝彦（Katsuhiko Yokoi）明治大学商学部教授　同上・あとがき

編集担当者 （編集順）

広沢絵里子（Eriko Hirosawa）明治大学商学部教授　第１章 第２節
熊澤　喜章（Yoshiaki Kumazawa）明治大学商学部教授　第１章 第３節
横井　勝彦（Katsuhiko Yokoi）明治大学商学部教授　第２章 第１節・第２章 第３節
篠原　敏彦（Toshihiko Shinohara）明治大学商学部教授　第２章 第２節
小川　智由（Tomoyoshi Ogawa）明治大学商学部教授　第２章 第３節・第３章 第２節・第３章 第３節
西　　剛広（Takahiro Nishi）明治大学商学部専任講師　第２章 第４節
菊池　一夫（Kazuo Kikuchi）明治大学商学部教授　第３章 第２節・第３章 第３節

《検印省略》

平成25年3月30日　初版発行　　略称：商学部4(世界)

これが商学部シリーズ Vol.4

世界の大学の先端的ビジネス教育
～海外への多様な扉～

編　者　　Ⓒ 明 治 大 学 商 学 部
発行者　　中　島　治　久

発行所　**同 文 舘 出 版 株 式 会 社**
東京都千代田区神田神保町1-41　　〒101-0051
電話 営業(03)3294-1801　編集(03)3294-1803
振替 00100-8-42935
http://www.dobunkan.co.jp

Printed in Japan 2013　　製版：一企画
　　　　　　　　　　　　印刷・製本：萩原印刷

ISBN 978-4-495-64591-5

本書とともに《好評発売中》

これが商学部シリーズ（明治大学商学部編）

新版 これが商学部!!
― The School of Commerce ―

A5判・256頁　定価（本体価格1,500円＋税）
2010年3月発行

これが商学部シリーズの第1巻。
商学部で学ぶこと、面白いところ満載!!
明治大学商学部教授陣が、商学部の講義内容を、イラスト・図表・写真を交えてわかりやすく紹介。学生・卒業生からのメッセージ、最新商学部情報も掲載。

これが商学部シリーズVol.2
社会に飛びだす学生たち
―地域・産学連携の文系モデル―

A5判・236頁　定価（本体価格1,700円＋税）
2011年4月発行

これが商学部シリーズの第2巻。
明治大学商学部の地域連携・国際連携・産学連携の活動を、イラスト・図表・写真を交えてわかりやすく紹介。地域・産学連携の文系モデルを一挙公開。

これが商学部シリーズVol.3
ビジネス研究の最前線

A5判・240頁
定価（本体価格1,700円＋税）
2012年3月発行

これが商学部シリーズの第3巻。
ビジネス研究って、すごくおもしろい!!　明治大学商学部の教授陣による最新のビジネスに関する研究内容をイラスト・図表・写真を交えて紹介。ビジネスに関する研究書を読む前に最適！

同文舘出版株式会社